Contexto e prática da avaliação de iniciativas sociais no Brasil: temas atuais

Martina Rillo Otero
(organizadora)

Contexto e prática da avaliação de iniciativas sociais no Brasil: temas atuais

EDITORA
Peirópolis

instituto fonte
para o desenvolvimento social

instituto fonte
para o desenvolvimento social

Uma palavra do Instituto Fonte

O Instituto Fonte é uma organização da sociedade civil brasileira cuja missão é potencializar a atuação de iniciativas sociais por meio do apoio a indivíduos que nelas atuam, de maneira a que ampliem a compreensão sobre sua própria atuação, sobre seus processos de desenvolvimento e sobre a arte de neles intervir.

Este trabalho tem por princípio facilitar o diálogo entre as pessoas e criar espaços e dinâmicas que favoreçam seu empoderamento e sua capacidade de aprender. Contribui, assim, para o caminho rumo a um futuro mais humano e pleno de sentido e para o tempo de uma sociedade justa e inclusiva, na qual mais pessoas assumem responsabilidade sobre suas escolhas, têm seus direitos garantidos e exercem responsavelmente seus deveres.

O Instituto Fonte tem o compromisso de acompanhar indivíduos, grupos e organizações em seus processos de crescimento e de desenvolvimento, ajudando-os a criar soluções originais para questões sociais e existenciais. Para isso, agimos por meio de programas de formação, disseminação de conhecimento e consultoria de processos.

A prática do Instituto Fonte desde seu nascimento inclui o fazer avaliativo sobre si mesmo e também sobre outros, quando estes nos convidam e dele participam. Compreendemos o fazer avaliativo como condição imprescindível para a aprendizagem – gerar conhecimento a partir do que e sobre o que se faz. O fazer avaliativo contribui ainda para saber se estamos no caminho certo – sendo eficazes e efetivos –, e para fazer escolhas acerca do futuro.

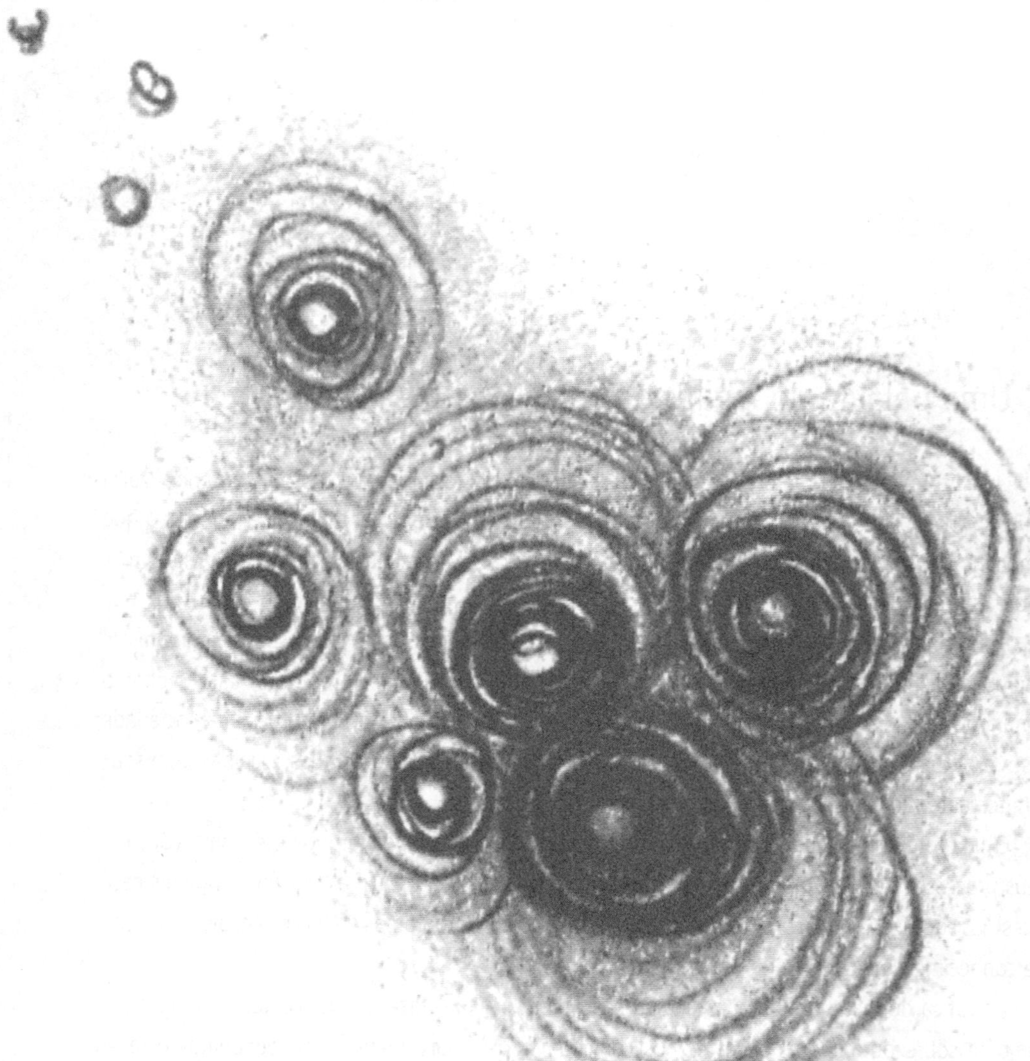

Ao longo dos últimos anos, pesquisas que realizamos[1] indicam que esta prática é também comum dentro das organizações que atuam no setor social. Tal dado só reforça a pertinência da presente publicação ao oferecer um conjunto de reflexões sistematizadas e atuais que permitem avançar na consolidação desta forma de aprendizagem e nos consequentes benefícios que pode oferecer para o desenvolvimento social.

Aliando-nos às expectativas que Martina Rillo Otero traz na apresentação deste livro, esperamos fomentar discussões críticas, favorecer a revisão das ações e fortalecer o estudo ético e político que sustentam nossas práticas de desenvolvimento no país.

Diretoria Colegiada
Arnaldo Motta
Antonio Luiz de Paula e Silva
Martina Rillo Otero
Sebastião Guerra

Instituto Fonte para o Desenvolvimento Social
Rua Natingui, 1.100 – Vila Madalena – 05443-002 – São Paulo – SP – Brasil
(55 11) 3032-1108
www.institutofonte.org.br
fonte@fonte.org.br

1. Instituto Fonte. "A avaliação de programas e projetos sociais de ONGs no Brasil: relatório de pesquisa". Disponível em <http://institutofonte.org.br/sites/default/files/Relatório_Pesquisa_Avaliação_Projetos_Sociais_0.pdf>. Consulta feita em 16/2/2012; e Instituto Fonte/Fundação Itaú Social. "A avaliação de investimentos sociais do setor privado". Disponível em <https://doc s.google.com/viewer?a=v&pid=explorer&chrome=true&srcid=0B-qugCC6pt-uYmY4NzUyOTItOWMwZC0 0MDYwLWE3ZTAtMTVkNjc1YTA0YzU2>. Consulta feita em 16/2/2012.

Nossos agradecimentos

À Fundação Itaú Social pelo apoio, pela parceria e pelo diálogo frutífero no Projeto Avaliação. O Instituto Fonte reconhece essa parceria como terra fértil para muita vida ainda germinar!

Ao Daniel Brandão, portador de uma reflexão e de uma prática em avaliação e desenvolvimento vivas e inspiradoras, pela criação e dedicação ao Projeto Avaliação, origem de boa parte das inquietações que resultaram nesta publicação.

Ao Rogério Silva, pelo papel que desempenhou no fortalecimento da avaliação no Instituto Fonte e no desenvolvimento de cada um de nós.

SUMÁRIO

APRESENTAÇÃO

Martina Rillo Otero[1]

Há cerca de quinze anos as organizações que atuam no campo social no Brasil começavam a se deparar com questões relativas à avaliação de seus projetos, programas e iniciativas. Aparentemente a demanda parecia vir principalmente de financiadores, seja da cooperação internacional seja dos primeiros investidores privados, cuja cultura institucional dialogava há tempos com sistemas e lógicas de verificação de qualidade e impacto dos seus investimentos. É impossível dizer que na prática das organizações do campo social já não houvesse mecanismos de reflexão sobre suas ações e resultados, porém o tema passa a ganhar espaço – textos, publicações, nomes e conceitos – de forma mais explícita, à medida que as ações sociais passam a ser vistas como investimento, e não apenas como "boas intenções".

A atuação no campo assim como os estudos produzidos dentro do escopo do Projeto Avaliação nos dizem que atualmente a área de avaliação de iniciativas sociais tem ganhado espaço no discurso dos profissionais do campo social, no campo de interesse de gestores e na percepção de sua importância no desenvolvimento das iniciativas sociais. A demanda pelas avaliações emerge das próprias organizações que realizam as ações sociais, pela percepção de que a sociedade solicita transparência, ou porque buscam caminhos que as ajudem a se apropriar dos resultados daquilo que realizam no mundo.

O Instituto Fonte, assim como outras organizações (notadamente a Fundação Itaú Social, a Abong, entre outras), tem se aprofundado no estudo e na prática de apoio às organizações sociais em seus processos de avaliação – seja de projetos, de programas ou institucionais. O Instituto Fonte, apoiado pela Fundação Itaú Social, também tem investido no fortalecimento do campo como um todo, por meio de ações de formação, promoção de

1. Martina Rillo Otero é bacharel em psicologia pela PUC-SP e mestre em psicologia experimental: análise do comportamento, pela mesma universidade. Desde o mestrado tem se especializado na avaliação de iniciativas sociais e na investigação sobre o papel do conhecimento na transformação social e na promoção da democracia. No Instituto Fonte desde 2007, é facilitadora de processos e se dedica especialmente a consultorias, pesquisas e ensino na área de avaliação.

encontros para diálogo em torno de temas atuais e relevantes, produção de conhecimento sobre o campo, entre outros. Acreditamos que avaliar e fortalecer a prática são ações que permitem a realização de nossa missão, enquanto uma organização "que facilita processos de desenvolvimento social, ajuda indivíduos a compreender e aprofundar sua atuação e apoia a sustentabilidade de comunidades, grupos e iniciativas sociais". Para o Instituto Fonte avaliar é uma das ações intrínsecas ao desenvolvimento e à aprendizagem nascida da prática. A avaliação tem sentido na medida em que está conectada ao desenvolvimento e à aprendizagem.

Nesse contexto, em que cresce o interesse sobre avaliação, aumenta a demanda por avaliações e também a necessidade de formação. É no intuito de oferecer um material que contribua para formar pessoas – sejam gestores de iniciativas sociais, estudantes ou avaliadores – que nasce esta publicação.

Apesar do crescimento do interesse e da demanda por avaliações, acreditamos que uma comunidade em torno do tema ainda está se constituindo. Já encontramos profissionais no Brasil com vasta experiência, mas pouco articulados e com escassos espaços de troca e aprendizagem entre pares.

Em relação às publicações que ajudam no estudo sobre o tema, encontramos muitos textos traduzidos, principalmente de autores norte-americanos, manuais de autores nacionais que trazem conceitos básicos e o passo a passo de uma avaliação a partir de diversas abordagens, e também manuais e referências de organismos internacionais. Ainda é escassa a produção nacional que aprofunda conceitos e, principalmente, reflete a prática de avaliação presente no Brasil. Esta publicação tem o objetivo de fomentar a reflexão e a aprendizagem sobre avaliação, com base em textos escritos por autores brasileiros que atuam no Brasil e fora dele, que lidam com questões relevantes no contexto brasileiro, mas também encontram eco em discussões internacionais, e, finalmente, que reúnem reflexões sobre conceitos básicos no campo da avaliação, mas também trazem exemplos práticos sobre sua aplicação. Os autores dos textos aqui publicados foram provocados a tratar de casos concretos para ilustrar e aprofundar suas reflexões, de modo que o produto final parte e permite uma aproximação com a prática. De forma geral, esta publicação busca reunir todas essas polaridades trazendo questões complexas que estão na ordem do dia da avaliação e, ao mesmo tempo, dicas práticas para lidar com essas questões em cada caso.

De tantas expectativas nasce esta publicação, que se destina a públicos diversos, foi construída por autores diversos e reúne textos diversos. A seguir vamos apresentá-los apoiados na crença de que evidenciar a diversidade de práticas e compreensões é fundamental para construir e fortalecer um campo mais consciente sobre si mesmo. De que a troca é desejável e necessária para construirmos uma comunidade de avaliadores que possam desenvolver-se a si mesmos e, então, elaborar avaliações que apoiem o desenvolvimento das iniciativas sociais. É nessas escolhas que acreditamos que a autoria do Instituto Fonte também se faz presente.

Os textos, temas e autores também evidenciam valores que o Instituto Fonte dissemina nas suas práticas, tanto de avaliação como de facilitação de outros processos relacionados ao desenvolvimento de iniciativas sociais: a participação, a construção de conhecimento a partir da prática, a importância da criação de espaços de diálogo e de apropriação de cada sujeito sobre sua ação no mundo, a valorização de espaços de aprendizagem e de desenvolvimento. Vamos aos textos.

O primeiro é de **Juarez Furtado** e discute a avaliação participativa. Escolhemos esse texto para iniciar a publicação, pois esse é um tema muito caro ao Instituto Fonte e também aos que lidam com avaliação como oportunidade de apropriação de cada sujeito envolvido numa iniciativa social de sua própria prática. O texto ressalta a importância dessa abordagem, sem reduzir "a participação" a uma intenção simples, em que todos podem estar presentes sem a necessidade de efetivamente negociar e compreender de forma profunda os diferentes interesses e valores inerentes à trajetória de cada sujeito envolvido.

A reflexão de **Rogério Silva** nos questiona sobre o papel da avaliação no processo de desenvolvimento da organização e de forma clara e assertiva nos lembra que uma avaliação não é apenas um processo para verificar relações de causalidade entre ações e seus efeitos, como uma investigação científica. Avaliar é um processo que abre ou fecha espaços de diálogo dentro de uma organização, que pode proporcionar alienação ou apropriação. Posicionar-se diante dessas polaridades implica escolhas em cada etapa do caminho avaliativo e, antes mesmo, depende da cultura organizacional em que ele nasce.

Lúcia Peixoto Calil trata do tema dos indicadores num texto que nos apresenta uma visão clara sobre eles e sua elaboração em processos avaliativos. Para ajudar o leitor a compreender o passo a passo da construção de indicadores, Calil se apoia fundamentalmente na abordagem do Marco Lógico, que situa os indicadores numa concepção lógica da iniciativa, suas intenções, ações e resultados esperados. O tema dos indicadores tem sido um dos mais discutidos atualmente em avaliação, a ponto de alguns profissionais, entre os quais nos incluímos, falarem de um "fetichismo dos indicadores". Fazendo um paralelo com o conceito de "fetichismo da mercadoria" de Karl Marx, poderíamos dizer que, em alguns casos, o valor atribuído aos indicadores supera o seu valor de uso, havendo elementos subjetivos que alteram a percepção sobre sua utilidade e necessidade. Calil nos insere também nessa discussão, destacando o uso, mas também os limites dos indicadores; suas potencialidades, mas também sua tendência a reduzir os fenômenos, se olhados isoladamente. A construção de uma visão crítica sobre o tema nos parece fundamental para um campo consciente de seus instrumentos, contribuições e limites.

No texto sobre consulta participativa de opinião, **Ana Lúcia Lima** traz de maneira rica, por meio de um caso concreto, sua proposta de construção de uma avaliação participativa; em especial, o passo a passo das escolhas metodológicas ao longo do percurso de investigação. O Instituto Paulo Montenegro, que coordena as ações sociais do grupo Ibope (e carrega parte de sua *expertise*), desenvolveu essa metodologia que coordena investigação e atuação social, na medida em que propõe um processo de produção de conhecimento de forma compartilhada com o público das iniciativas sociais.

Eduardo Marino e **Cristiane Locatelli** apresentam uma discussão sobre avaliação externa e interna, tratando de algumas diferenciações presentes na literatura, porém também relativizando-as. Os autores aproveitam a ocasião para explorar também as diversas etapas de uma avaliação, destacando o papel do avaliador e apontando fragilidades e potencialidades de a avaliação ser interna ou externa em cada uma delas. Do nosso ponto de vista, além da reflexão sobre uma avaliação "de dentro" ou "de fora", é fundamental concebermos avaliações "*para* dentro e *para* fora", que sejam mecanismos de produção de transparência para fora e também de diálogo para dentro.

Um tema que vem sendo discutido de forma muito intensa tanto nos encontros de avaliadores e especialistas, como no encontro diário entre um avaliador e uma equipe que realiza um projeto é o da causalidade. É possível inferir relações de causalidade entre uma ação social e as mudanças na vida das pessoas ou comunidades que participam dela? Qual o grau de certeza que precisamos ter e até que ponto precisamos investir recursos para chegar a esse grau de certeza? Essas são questões trabalhadas por **Thomaz Chianca,** num texto que trata de um dos temas mais relevantes atualmente para quem lida com avaliação. Chianca ainda nos presta uma grande ajuda, trazendo dicas práticas sobre possíveis estratégias para lidar com as limitações que enfrentamos em diversas situações concretas para inferir relações causais de forma “experimental”. Se essas estratégias são suficientes ou não é uma discussão no campo da avaliação – na qual o texto nos proporciona uma boa oportunidade de entrada!

Finalmente, encerramos a publicação com o texto de **Cristina Meirelles,** que nos traz a reflexão realizada no âmbito de seu mestrado sobre o processo de sistematização como oportunidade de produção de conhecimento a partir da prática, assim como acreditamos que a avaliação também possibilite. Meirelles nos apresenta um passo a passo da sistematização e compara e relaciona esse percurso com processos avaliativos. As fronteiras entre processos de avaliação e sistematização são tênues e suas interfaces, ricas e proveitosas.

Esperamos que esta publicação possa ajudar a estabelecer novos e proveitosos diálogos em torno de todos os temas aqui tratados e outros que deles possam emergir. Convidamos os interessados em continuar esses diálogos a entrar em contato e compartilhar suas reflexões, inquietações e dúvidas. Boa leitura.

Links

Instituto Fonte: <www.institutofonte.org.br>.

Projeto Avaliação: <www.institutofonte.org.br/projeto-avaliacao>.

Fundação Itaú Social: <www.fundacaoitausocial.org.br>.

Abong: <www.abong.org.br>.

Instituto Paulo Montenegro: <www.ipm.org.br>.

1

A AVALIAÇÃO PARTICIPATIVA

Juarez Pereira Furtado[1]

Este capítulo aborda a inserção de pessoas ou grupos de interesses no processo avaliativo. Ressaltamos a fundamental importância dessa inserção sem deixar de apontar que se trata de opção necessária, mas inevitavelmente complexa e delicada. Por isso, argumentaremos a favor da superação de algumas posturas ingênuas frequentemente presentes quando o tema é avaliação e participação. Consideramos que por detrás da ideia de participação existem muitas e diferentes posturas e caminhos que nem sempre levam ao mesmo lugar. Assim, usaremos algumas tipologias ao longo do texto para dotar o leitor de uma espécie de bússola para se localizar melhor nos meandros das chamadas avaliações participativas. Partiremos de um ponto de vista subjetivo de participação até chegarmos às questões político-institucionais envolvidas, finalizando com a proposição de alguns passos para a realização de processos participativos na avaliação de programas e serviços.

1. Questões intersubjetivas

A demanda foi sucinta: que cada aluno trouxesse um objeto pelo qual tivesse especial apreço para o próximo encontro da disciplina. No dia seguinte, os alunos do curso de pós-graduação levaram suas distintas contribuições e o professor encontrou sobre a mesa da sala de aula um crucifixo dourado, um par de sapatilha de balé, um furgãozinho vermelho, a foto de um garoto de mais ou menos dez anos na praia, uma lista de nomes, um grande troféu, uma pequena estátua, uma boneca japonesa, entre outros. Em pé, circundando a mesa, olhávamos com curiosidade aqueles objetos, indagando sobre suas procedências e as motivações que os teriam levado a ocupar um lugar naquela mesa.

---

1. Juarez Pereira Furtado é professor adjunto III da Universidade Federal de São Paulo. Contato com o autor: <juarezpfurtado@hotmail.com>.

Espontaneamente os donos dos mimos começaram a tecer delicadas considerações sobre suas escolhas ali compartilhadas. Vieram à tona diferentes histórias e recordações. Descobríamos a que tinha servido recentemente um aparelho de celular; o quanto de afeto comportava o vermelho daquele carrinho de brinquedo; um gosto ainda não conhecido por detrás daquelas sapatilhas de dança; uma viagem ao Japão; a perda de entes muito queridos; o sucesso da banda de outrora. Uma atmosfera de grande densidade afetiva acompanhava os relatos feitos com um sorriso ou com a comoção que alguns deles despertavam. Semelhantemente ao que acontece nas histórias infantis, aquelas palavras como que encantavam os objetos sobre os quais se derramavam, desvelando-os à nossa frente e fazendo com que jamais os enxergássemos do mesmo jeito de antes.

O tema da aula: as conexões possíveis entre avaliação e participação. Os alunos, agora sentados em roda, ainda seguiam comovidos pela vivência recém-concluída e, tacitamente, pareciam indagar sobre o sentido daquilo tudo e sua relação com o tema proposto para a aula do dia. Afinal, haviam lido um artigo científico, cursavam mestrado em uma importante universidade federal, e tudo aquilo parecia um tanto quanto insólito nesse contexto. De fato, seriam muitas as maneiras de introduzir e abordar um assunto como o da participação nos processos avaliativos, e aqueles primeiros minutos de aula não eram o que se podia comumente esperar.

Realmente, poderíamos iniciar a aula de modo mais convencional, até porque a temática da participação já não se constitui como algo inusitado ou desconhecido, ao menos no campo da avaliação: há razoável consenso em torno da importância dela e dificilmente alguém se coloca objetivamente contrário. Parece que a ideia de participação foi incorporada ao chamado "politicamente correto", sendo possível encontrá-la recomendada nos textos de avaliação, por mais diferentes que sejam seus autores e suas respectivas filiações teóricas e éticas. Talvez seja aí mesmo que mora o perigo: de tão "correta", consensual e prescrita, a inserção de diferentes pontos de vista em uma avaliação parece coisa dada automaticamente, constituindo quase e tão somente mais um componente do processo – quando, de fato, não é bem assim. Primeiramente porque participação significa inexoravelmente trazer para bem perto a presença do outro. Se sabemos, por experiência própria, "ser impossível ser feliz sozinho", por outro lado, nossa experiência nos mostra também quão difícil é conviver, confrontar nossos anseios e projetos com terceiros, por mais amados que sejam. Lembre-se, então, de como já deve ter sido difícil em algum momento, para você, conciliar projetos, ideias ou ações com pessoas mais distantes e até desconhecidas. É inevitável, aqui, a lembrança da frase antológica do filósofo francês Jean-Paul Sartre: "O inferno são os outros". As muitas teorias e métodos de dinâmicas de grupo estão aí para analisar algumas dessas dificuldades e sugerir meios de superá-las.

Neste texto, destinado a discutir o tema da participação na avaliação de programas e serviços, queremos logo de início lembrá-lo de que participar é estabelecer pontes para a interlocução, a circulação de palavras e afetos por mais distintos que sejam suas formas e conteúdos. Não precisamos ir muito longe para buscar as fontes dos valores éticos que justificam e sustentam essa noção de participação como convívio das diferenças, bastando, entre várias referências possíveis, citar a Declaração Universal dos Direitos do Homem, nascida dos horrores vividos pela humanidade durante o holocausto, em período de especial intolerância. Assim sendo, a participação se firma nas ideias de liberdade, de detenção de direitos, independentemente das muitas nuanças que possa apresentar um ser humano em particular com relação a todos os demais.

Poderíamos afirmar que a participação nasce da constatação de que há diferenças e da esperança de que essas possam interagir, influenciar-se e conviver em certa harmonia, o que pode nos ajudar a superar uma primeira ingenuidade frequentemente presente nas discussões sobre o tema: a de que participação seja equivalente ao estabelecimento da igualdade no sentido de "homogeneidade". Como cidadãos, iguais são os nossos direitos, mas não se trata, nesse caso, de tornar iguais (homogêneos) grupos ou pessoas essencialmente diferentes, até porque isso normalmente se consegue às custas de ignorar divergências, recalcando os dissensos.

Se concordamos que o processo participativo não deve levar à uniformização, uma outra ideia também muito veiculada, ainda que tacitamente, deverá ser superada, por originar uma segunda ingenuidade: a de que as pessoas, grupos ou atores sociais estejam ávidos por participar, bastando para isso serem convocados por avaliadores bem intencionados. Ao contrário, o chamado a participar não é visto com bons olhos ou ouvido com bons ouvidos, no início. Claro que essa afirmação não se aplica aos mais diretamente interessados na avaliação, que por alguma razão aceitaram ou mesmo contrataram a avaliação. Estamos falando de uma participação ampliada e, nesse caso, convocar atores não ainda interessados no processo ou que nem têm ciência dele, motivando-os, é uma das primeiras tarefas requeridas.

Se o convívio com as diferenças não é fácil, seja no plano pessoal, seja no político, e se eventuais grupos de interesses precisam ser convencidos e motivados a participar, chegamos finalmente a uma terceira e última concepção, que, superada, pode contribuir para o estabelecimento de posturas menos ingênuas por parte de futuros avaliadores: a de que realizar processos avaliativos inclusivos e participativos seja fácil ou simples. Agiríamos como mercadores da felicidade se vendêssemos essa ilusão. Afinal, podemos intuir que favorecer a explicitação de diferenças, administrar os efeitos desse afloramento sem coibi-lo ou minimizá-lo, mantendo acesa a chama do interesse e efetiva participação de grupos distintos (em intensidade e qualidade), demandará grande esforço. Sendo assim, paciência, tempo e recursos poderão ser requeridos em quantidades extras, certamente maiores do que nas avaliações convencionais, para que uma avaliação participativa possa ser levada a bom termo.

O que vimos afirmando cumpre um papel importante: alertar sobre o fato de que, se queremos implementar processos de avaliação participativos de fato, devemos nos despir de ingenuidades e ilusões ainda presentes que, uma vez no campo, acabam por minar os ânimos e capacidades daqueles que se dispõem a conduzir processos dessa natureza. Obviamente se tais concepções podem gerar posturas ingênuas em alguns bem intencionados, também podem, por outro lado, prestar serviços a outros não tão bem intencionados assim, vindo a servir de "verniz" para aqueles que, no fundo, planejam qualificar de participativos processos que limitaram os distintos grupos ao papel de geradores de dados e informações. Porém, para quem possui firme propósito de criar condições para a efetiva participação, a superação de posturas ingênuas ou desavisadas constitui o primeiro passo para o estabelecimento de processos verdadeiros e efetivos.

Voltemos à nossa sala de aula. A que serviu a vivência proposta? Certamente para muitas e distintas coisas, dada a sua intensidade. Felizmente, em coerência com o que vimos expondo, coisas não previstas ocorreram e serviram para distintas aprendizagens ao grupo, para além do que se pudesse prever ou planejar. Estreitando o foco no que diz respeito especificamente ao tema proposto, a partilha de objetos estimados possibilitou a experimentação e a elaboração de pelo menos três questões essenciais no que tange à noção de avaliação e participação:

- em primeiro lugar, romper com a idealização e com certa soberba mais comumente encontradas na academia, acostumadas a prescrever e estabelecer posicionamentos... para os outros! Seria um equívoco falar de participação para grupos "lá", distantes, em situações idealizadas. Ao pensarmos em participação, faz-se imperioso literalmente olhar para o lado: a vivência proporcionou, por intermédio desses objetos, um contato mais profícuo com os colegas, que constituem em si oportunidade potencial ou manifesta de várias colaborações bem ali, no cotidiano;
- em segundo lugar, outra contribuição da dinâmica inicial foi permitir uma compreensão experimentada de que um mesmo objeto pode ser percebido de maneira profundamente distinta por diferentes pessoas, sobretudo para aquele que detém com ele algum tipo especial de vínculo;
- e finalmente foi possível perceber que, a despeito dessa visão distinta de um mesmo objeto, as pessoas podem compartilhar impressões e concepções, a ponto de facultar ao ouvinte que perceba o objeto definitivamente por novas formas, sob novos olhares.

Que a participação e inclusão não seja idealizada, mas constitua pano de fundo para muitas das ações cotidianas, que participar é estabelecer contato o mais íntimo possível com a alteridade, convivendo com as diferenças, e que, ao final, podemos sair enriquecidos da experiência, incorporando visões antes ausentes, era a intenção daquele primeiro encontro com os alunos. Em se tratando de avaliar um programa ou serviço, essas premissas podem iluminar o nosso caminho, atenuando as sombras de certas ingenuidades (bem ou mal intencionadas) e ainda assim constituindo esperanças. Conforme explicitado pelo aluno Fabrício Leonardi no *blog* da disciplina:

> Com a aula de hoje pude ver que participar, mais do que simplesmente poder falar, é sentir-se apto a falar, ser ouvido, ser considerado, sentir-se motivado a revelar algo – isso tem a ver com envolvimento, vínculo, significado. Fiquei pensando na questão do quanto a metodologia pode ser usada como facilitadora do processo participativo.

2. Mas do que se trata mesmo?

Aproveitamos a oportunidade para explicitar que a avaliação de que estamos tratando aqui é aquela voltada para programas e serviços na área social e da saúde implementados a partir de políticas públicas do Estado ou pela iniciativa do terceiro setor, por meio de organizações não governamentais (ONGs). Avaliação entendida como o esforço de emitir um julgamento o mais adequado possível sobre o valor ou mérito desses programas e serviços, com base em critérios estabelecidos, sendo a coleta de dados e informações dotada do maior rigor possível e tendo como objetivo final subsidiar tomadas de decisões por parte dos envolvidos na condução desses mesmos programas ou serviços.

E o que entendemos por avaliação participativa? São muitas as definições e nenhuma pode ser considerada definitiva. No entanto, sua característica central é a entrada, no processo avaliativo, de outros atores sociais além dos avaliadores, como gerentes dos serviços, gestores, profissionais da ponta, usuários, familiares e grupos pouco ou mal atendidos pelo programa ou serviço, entre outros. Trata-se de uma participação que vai muito além do fornecimento de informações, podendo envolver diferentes atores em algumas ou todas as etapas da avaliação (como a definição das questões, coleta, análise de dados, julgamento e formulação de recomendações).

O envolvimento dos participantes deve ser constante e ativo e o avaliador, cumprir um papel de facilitador e parceiro, e não exatamente de coordenador. Espera-se também que o processo propicie a assimilação, pelos participantes, de habilidades para compreender e utilizar melhor os futuros resultados, bem como se envolver ou conduzir novas avaliações.

No entanto, essa tentativa de delimitação ou definição faz reaparecer o que tentamos analisar no tópico anterior: a simplificação homogeneizante da proposta de participação. Ainda que efetivamente possam ser consideradas participativas, algumas avaliações guardam entre si significativas diferenças, conforme privilegiem aspectos voltados para uma cidadania bem informada, pelo reforço das capacidades de grupos marginalizados e que levem realmente em conta as preocupações e inquietações dos grupos envolvidos. Por outro lado, existe uma outra vertente que privilegia atores que detêm o poder sobre a gestão e o financiamento do serviço avaliado, a fim de garantir a utilização dos resultados. Finalmente, temos um terceiro polo, composto de avaliações centradas nos grupos de interesse e em seus eventuais conflitos. Teríamos, então, três extremos ou tipos ideais, que poderiam ser nomeados e mais bem caracterizados conforme discorremos a seguir.

- **Político-emancipadoras:** avaliações participativas centradas nos atores envolvidos, voltadas para emancipação, autodeterminação e reforço de suas capacidades. Em geral, avaliações dessa natureza se caracterizam por grande número e diversidade de atores envolvidos e controle partilhado do processo com o avaliador. Focalizam mais as aspirações dos atores do que os objetivos explícitos no programa. Como exemplos de avaliações participativas dessa natureza temos a avaliação emancipadora, avaliação democrática e avaliação inclusiva.
- **Pragmáticas:** avaliações nas quais a participação está a serviço de garantir ou expandir o grau de utilização dos resultados para melhorar a eficácia de um programa. Os atores envolvidos são em menor número, privilegiando aqueles considerados com maiores chances de efetivamente usar os resultados. A chamada avaliação centrada na utilização é um dos exemplos desse tipo de avaliação participativa.
- **Pluralistas:** utilizadas quando os conflitos em torno dos objetivos e processos do programa são evidentes. Nesse caso, assegurando sempre o controle do processo, os avaliadores deverão garantir a compreensão e a consideração das diferentes perspectivas e concepções em jogo.

Essa categorização é apenas uma entre as muitas possíveis e tem o valor de nos alertar sobre o fato de que sob a chancela "participativa" podemos encontrar avaliações com perspectivas muito diferentes. Assim, o processo pode incluir atores justamente para dotá-los de mais poder e habilidades, compartilhando decisões, superar conflitos ou, por outro lado, utilizar a participação tendo como principal foco o fomento da utilização dos resultados. Seria difícil encontrar tipos puros, totalmente fiéis a essa classificação, mas é necessário que tenhamos em mente o tipo de perspectiva a ser privilegiada quando nos propomos a deflagrar um processo avaliativo-participativo.

Dois avaliadores franceses, Gaëlle Baron e Eric Monnier, propuseram um interessante recurso visual que pode nos ajudar a sintetizar o que vimos discorrendo sobre gradientes de participação (Baron e Monnier, 2003). Para eles, os processos participativos podem ser diferenciados segundo duas dimensões: amplitude e profundidade. Por amplitude, entenda-se a diversidade de atores sociais envolvidos, que pode ir desde um mínimo esperado (gestores e trabalhadores diretos) até representantes da sociedade civil mais geral (veja o esquema 1).

Esquema 1 – A amplitude da participação em processos avaliativos

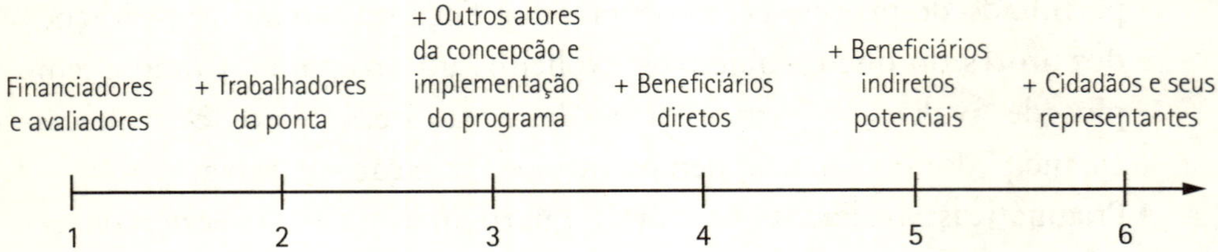

Fonte: adaptado de Baron e Monnier, 2003.

O outro modo de diferenciar e caracterizar a participação se faria identificando a profundidade dela – o que corresponde à efetiva inserção e ao grau de implicação dos grupos de interesse nas diferentes fases do processo, que vai da definição das questões ao julgamento, passando pela coleta e análise dos dados. O esquema 2 procura articular as dimensões de profundidade e amplitude.

Esquema 2 – Diferentes avaliações, amplitude e profundidade da participação

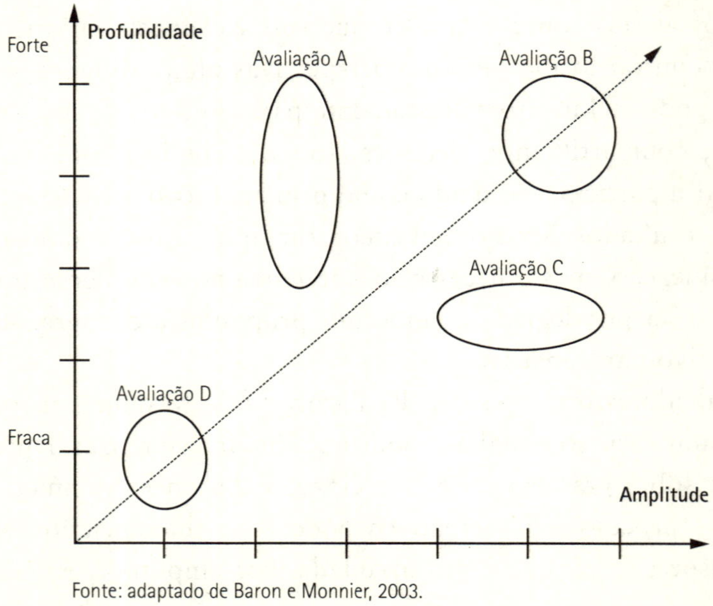

Fonte: adaptado de Baron e Monnier, 2003.

Observe que o esquema 2 possibilita analisar os tipos de avaliação situando-as em relação à amplitude e profundidade da participação dos grupos de interesse, permitindo-nos maior clareza sobre a qualidade e intensidade do envolvimento dos participantes. No caso da profundidade da participação, lembremos que ela se torna mais forte à medida que os envolvidos possam opinar e interferir em fases tradicionalmente refratárias à inclusão de não especialistas, como a análise de dados e a elaboração de recomendações. Atualmente, parece-nos ser essa a direção a ser tomada para o avanço dos processos participativos em avaliação.

3. Políticas sociais, avaliação e participação

Essencialmente, discutiremos nesse tópico o fato de que as políticas públicas são constituídas de três componentes, sendo o da participação o mais frequentemente negligenciado. Argumentaremos a favor da garantia da participação na formulação dessas políticas e, por coerência, também na avaliação delas.

Se no primeiro tópico deste capítulo discorremos sobre implicações intersubjetivas de diversas ordens que afetam e justificam o estabelecimento da participação no processo avaliativo, neste terceiro tópico abordaremos questões ligadas às políticas sociais que apresentam aspectos que exigem a noção de participação. Para isso, utilizaremos especialmente as ideias de Pedro Demo (1999) em torno das quais produzimos considerações em outro estudo (Furtado e Onocko-Campos, 2008).

Partimos de dois pressupostos:

1. as políticas sociais negligenciam seu componente voltado para a promoção e empoderamento de suas clientelas, que deveriam se dar por meio da participação dessa mesma clientela no processo de gestão dessas políticas;
2. se a gestão deveria ser participativa e empoderadora, os processos de avaliação dessas políticas e/ou dos programas deveriam ser igualmente participativos e empoderadores. Assim, a participação faz sentido em todas as etapas das políticas sociais, não só no planejamento e gestão, mas também na avaliação delas, nosso foco de interesse no presente capítulo.

Devemos nos lembrar de que as políticas sociais constituem um esforço planejado, por parte do Estado, na redução das desigualdades sociais. A ideia é que parte da renda captada por meio de impostos e outras fontes possibilite ao Estado oferecer serviços ou acesso a instâncias que respondam às necessidades fundamentais da população, sobretudo da parcela mais carente, ligadas à habitação, saúde, transporte e educação, entre outras. O caráter redistributivista dessas políticas normalmente conta com relativa concordância entre Estado e beneficiários.

Porém, note que as políticas sociais são compostas de três facetas distintas e que vale a pena analisá-las para compreendermos melhor a argumentação que virá a seguir. Seriam essas as facetas:

1. assistencial, voltada para o sustento e o cuidado de grupos que não o fariam sozinhos ou sem apoio;
2. socioeconômica, voltada para permitir ou ampliar a capacidade do sistema em ofertar empregos e/ou gerar renda;
3. política, ligada aos modos de conceber, focalizar e conduzir essas políticas.

Esta última faceta é responsável pela definição da maior ou menor participação dos atores envolvidos e da maior ou menor autonomia da clientela diante das políticas sociais.

Normalmente, prevalece a faceta assistencial, degenerada em assistencialismo, ou a faceta socioeconômica, degenerada em tecnocracia (esta última caracterizada como poder pretensamente legitimado por saberes tecnocientíficos). É justamente na vertente menos explícita dessas três facetas – a política – que se define o teor e a qualidade das políticas sociais. Somente com uma vertente política forte, compromissada com a efetiva participação e gestão conjunta das clientelas interessadas, é que se podem garantir mudanças sociais verdadeiras, evitando a degeneração de políticas sociais em assistencialismo e tecnocracia. Ou seja, política social é aquela que efetivamente promove a redistribuição de bens e poder, por meio da efetiva participação dos vários grupos de interesse em sua condução, sobretudo a clientela-alvo, tendo como eixo de sustentação a noção do que mais recentemente se convencionou chamar de "empoderamento" ou "autonomia".

Mas o que a participação na gestão das políticas sociais teria a ver com a participação em processos avaliativos? Para responder a essa questão, recorremos à afirmação feita em outro momento por Furtado e Onocko--Campos (2008, p. 2.672):

> Se a participação popular é elemento vital e constituinte das políticas públicas – sobretudo se quisermos que estas superem seus riscos de degradação e manipulação e efetivamente cumpram sua missão de assistir e empoderar – podemos afirmar então que a participação da comunidade e de grupos de interesse na produção de conhecimentos em torno destas políticas públicas seria igualmente desejável.

Notemos aí uma dos papéis por excelência de uma avaliação participativa: produção de conhecimento para uso dos próprios grupos de interesse participantes, a fim de compreender e com isso intervir melhor sobre o processo de redistribuição de renda e poder a que, de alguma forma, estão vinculados. Perceba também que, se, por um lado a participação, em sentido amplo, deve se fazer em todas as etapas das políticas sociais (da concepção à avaliação), qualificando-as, o mesmo efeito pode ser transposto para as avaliações em geral. Assim é que, tal como nas políticas públicas, o processo participativo em avaliação pode minimizar os riscos de que essa se torne pretensa e falsamente técnica e neutra (semelhante à tecnocracia citada).

4. De onde vem?

No primeiro tópico, afirmamos que a inclusão dos diversos atores é frequentemente recomendada por autores das mais diferentes linhas em avaliação. Porém, há significativa distância entre a frequência dessas recomendações e a existência de trabalhos efetivamente participativos e, menos ainda, daqueles que explicitam criteriosamente o caminho seguido, discutindo suas potencialidades e limitações. Neste tópico, destinado a refletir sobre métodos possíveis para efetivar a participação, apresentaremos alguns caminhos passíveis de ser utilizados pelos interessados nesse tipo de avaliação. No entanto, evitaremos apresentar logo de início um roteiro que garanta a participação, por razões que discutiremos a seguir.

Primeiro, porque não há um roteiro capaz de garantir algo como a participação. Se você pretende realizar uma avaliação participativa, analise atentamente o contexto institucional na qual pretende desenvolvê-la para dimensionar adequadamente suas expectativas e aquelas que você venha a suscitar entre os grupos de interesse. Dificilmente uma avaliação será plenamente participativa em um programa ou serviço cuja gestão imediata ou altagestão caracterize-se pela centralidade administrativa. Isso não quer dizer que uma iniciativa dessa natureza não possa contribuir para aumentar os coeficientes de democracia intrainstitucional. É certo que sim, mas fique atento ao fato de que significa justamente aumentar gradientes, e não estabelecer completa democracia. Nesse sentido, devemos ser honestos, reconhecendo nossas limitações: dispositivos como a avaliação participativa opera entre brechas e frestas do instituído, buscando gerar processos novos, agindo como um dispositivo, não tendo potência para reinventar instituições e, menos ainda, reinventar a sociedade.

Segundo ponto, de que fazemos questão de adverti-lo antes de esboçar qualquer roteiro: nossas opções metodológicas não são neutras nem objetivas, mas tributárias de nossas concepções de mundo e posicionamentos políticos (em senso amplo). Aprofundemos um pouco mais essa importante questão. O que queremos dizer é que o método (que significa "caminho para") utilizado para obter dados e informações – que por sua vez permitem compreender determinado programa ou serviço, ainda que pareça uma caixa de ferramentas em si ou um conjunto de regras a ser seguido de fato não é tão autônomo. O que equivale a afirmar que um método, qualquer que seja, está enraizado nos modos como concebemos a realidade e as relações que podem ser estabelecidas entre um indivíduo e o objeto que ele quer conhecer melhor.

Na linguagem acadêmica diz-se que as questões ontológicas (que dizem respeito à nossa compreensão sobre a realidade das coisas) e epistemológicas (que dizem respeito aos modos como definimos que um objeto pode ser conhecido) são interligadas e determinarão, por sua vez, nossas opções metodológicas. Afirmação plena de sentido; afinal, os modos como compreendemos o que vem a ser "real" e como concebemos nossa relação com o objeto de nosso conhecimento (se vamos, por exemplo, interagir com ele ou se buscaremos distanciamento e neutralidade) inevitavelmente influenciarão as ferramentas que utilizaremos no campo.

Façamos um exercício: ao falarmos de participação, perceba que por detrás desse posicionamento favorável à inclusão da pluralidade de agentes existe uma concepção ontológica implícita. E qual seria? Veja que, se partíssemos da premissa que a realidade é uma só (realidade aqui pode ser o programa, por exemplo), talvez não precisássemos incluir muitos e diferentes pontos de vista. Bastaria que um observador pretensamente neutro e externo viesse dizer do que se trata essa "realidade" ou "programa" nos trazendo ou revelando a "verdade".

Uma das razões pelas quais defendemos a inclusão de diversos atores em um processo avaliativo é nossa concepção de realidade como algo socialmente construído e que, portanto, não pode ser totalmente objetivado. Assim, podemos afirmar que nos baseamos em uma perspectiva ontológica relativista (que relativiza), que considera a existência de múltiplas realidades social e subjetivamente construídas e que não são governadas por leis naturais. Lembra-se da dinâmica realizada com os alunos, descrita no início do texto? Pois é: como objetivar aqueles bens tão preciosos, eivados de história e significações? Na verdade, eles só podem ser bem conhecidos e compreendidos a partir da construção que cada um de seus donos realiza em torno deles. Nesse caso, a verdade é definida como construções pessoais ou coletivas, e não pode ser obtida por meio de objetivação, neutralidade ou distanciamento. Veja que não dá para pensar em um método descolado de tudo o que vimos afirmando nos dois últimos parágrafos.

Nossas concepções epistemológicas também influenciarão os métodos a ser utilizados. Se concebemos interações e influências possíveis entre investigador/avaliador e objeto (epistemologia subjetivista), podemos lançar mão de métodos que permitam maior interação entre pesquisadores de campo e eventuais integrantes de um dado programa ou serviço. Estratégias como a observação participante e outros métodos etnográficos se prestam ao desenvolvimento de interações dessa natureza. Se, por outro lado, concebemos uma interação dualista, buscando a não influência entre sujeito e objeto, lançaremos mão de métodos que procuram a mais completa objetividade, como é o caso de questionários estruturados.

Os chamados métodos qualitativos, justamente por considerarem uma concepção construtivista da realidade e uma interação inevitável e necessária entre pesquisador, objeto e contexto, se prestam especialmente ao desenvolvimento de avaliações participativas.

> A avaliação qualitativa pode contribuir, identificando esses atores e interesses e certificando-se de que o projeto avaliado e a avaliação não desconsiderem ou esqueçam o que puder explicar os resultados específicos de uma ação. (Laperrière e Zúñiga, 2006)

O que não necessariamente exclui eventuais coletas de dados tidos como objetivos ou numéricos, que podem subsidiar um processo predominantemente voltado para a compreensão de significados – como é o caso da estratégia qualitativa –, sem descaracterizá-la. Uma vez cientes de que os métodos a ser utilizados são sempre determinados pelo ambiente institucional e por nossas concepções de realidade e modos de conhecê-la (nossos paradigmas), vejamos algumas estratégias para viabilizar um processo participativo.

5. Dimensões orientadoras

- É quase um equívoco afirmar que somente agora vamos apresentar o caminho para o estabelecimento de um processo participativo. De fato, desde a primeira linha do texto estamos trabalhando nesse sentido e, conforme discutimos no tópico anterior, tudo o que foi apresentado até aqui determina fortemente as ferramentas e os modos como elas serão utilizadas para efetivar uma proposta avaliativa-participativa. Digamos que agora tentaremos delinear caminhos que – não devemos esquecer – só têm sentido porque articulados com diversas concepções, teorias e posicionamentos que os antecedem e sustentam.
- Uma vez cientes dos fatores institucionais e políticos que favorecerão ou vão impor limites ao processo avaliativo-participativo, utilizaremos cinco dimensões norteadoras de um eventual trabalho de campo, que servirão como balizas a nos apontar pontos cruciais da trajetória de uma avaliação participativa. Esse conjunto de balizas (dimensões e respectivas questões) constitui uma ferramenta elaborada a partir da releitura dos trabalhos de dois colegas avaliadores, Weaver e Cousins (2004), retomado mais à frente por Ridde (2006) (vide tabela na página ao lado). Porém, não deixe de pensar sobre outras dimensões que você venha a considerar como fundamentais e que possam ser incorporadas no conjunto, enriquecendo-o.

Tabela – Escala de valores das cinco dimensões do processo de avaliação participativa

Dimensão	Questão
Controle de decisões técnicas	Como se compartilha decisões técnicas ligadas ao processo avaliativo?
Grupos de interesse participantes	Qual é a diversidade dos grupos de interesse entre os participantes?
Relação de poder entre os grupos de interesse	Como se deu a participação dos diferentes grupos de interesse?
Plasticidade do processo de gestão da pesquisa	Como se caracteriza a permeabilidade do processo avaliativo ao meio na qual transcorreu?
Nível de participação	Qual é a profundidade da participação de pessoas que não são avaliadores no processo?

Fonte: adaptado de Ridde, 2006.

Por **controle das decisões técnicas** podemos entender o plano global da avaliação, composto por seu desenho geral, método para a coleta de dados, critérios a ser utilizados para o julgamento, entre outros. Tradicionalmente, o controle dessas decisões é privativo dos pesquisadores e avaliadores. Com o desenvolvimento da participação já existem relatos de experiências de coparticipação tanto nas decisões técnicas quanto em outro ponto nevrálgico – o da análise dos dados. No entanto, tais experiências estão longe de compor a maioria. Infelizmente, para se chegar ao ponto de propor uma avaliação muitas decisões tiveram que ser tomadas antes. Por exemplo, um pesquisador vinculado a uma universidade deverá formalizar um projeto de maneira detalhada para conseguir financiamento para sua pesquisa avaliativa. Ao ir a campo, algumas decisões técnicas importantes do projeto já terão sido tomadas e formalizadas no CNPq, à Fapesp ou congêneres. Nesse contexto, alguns desafios se colocam, tais como obter recursos e fazer constar do cronograma a etapa de desenvolvimento do projeto de avaliação entre os distintos atores sociais, garantindo interferência na fase embrionária. Devemos ressaltar que a participação em decisões técnicas deve ser antecedida de subsídios para que os participantes possam efetivamente compreender e intervir nas questões colocadas. Há que se cuidar sempre para que o convite à participação seja acompanhado do apoio necessário para que as pessoas se sintam realmente aptas a contribuir e manifestar suas questões.

Quanto aos **grupos de interesse participantes:** após uma "tempestade de ideias" todos os atores potencialmente importantes devem ser listados. Porém, em um segundo momento, com base nos recursos, tempo disponível e viabilidade de agregação, deverão ser priorizados os grupos mais importantes para o desenvolvimento da tarefa. No esquema 3 apresentamos alguns critérios que podem ser utilizados para a definição do conjunto final de atores. O cruzamento de alguns critérios pode nos ajudar a definir os grupos. Nesse caso, sugerimos o cruzamento dos critérios "atitude inicial em face do programa ou serviço" com a "representatividade das questões".

Esquema 3 – Cartografia dos atores envolvidos

Atitude inicial em face do programa	**Importância das questões**		
	alta	moderada	fraca
favorável			
neutra			
antagonista			

Fonte: adaptado de Patton, 1997.

Naturalmente, podemos fazer outros cruzamentos que facilitem a definição dos grupos participantes. Não devemos nos esquecer de que os participantes iniciais são fonte importante de mapeamento e definição de novos participantes.

Relação de poder entre os grupos participantes: como já mencionamos, constituiria ingenuidade negligenciar os desníveis inevitavelmente existentes entre os vários integrantes do processo. Nesse aspecto, a função mediadora do avaliador é especialmente requerida. Sem minimizar as diferenças e desigualdades eventualmente presentes, o avaliador deverá garantir algo essencial ao processo: manifestação, circulação e legitimidade das questões, reivindicações e problemas levantados pelos participantes. Em experiência recente, o desnível entre os participantes era de tal ordem (no caso, entre profissionais universitários e técnicos de enfermagem) que optamos por realizar grupos de discussão compostos somente por esta última categoria, a fim de garantir um ambiente no qual esses se sentissem à vontade para se manifestar. Porém, resta a questão: que peso terá cada grupo no julgamento e na formulação de recomendações? Como considerado em outro ponto deste texto, a avaliação participativa age conquistando espaço ou ampliando os já existentes, mas não tem potência para uma reforma estrutural. Nessa luta contra-hegemônica, é tarefa dos avaliadores garantir a efetiva participação, o que equivale a dizer que constitui nossa tarefa ser o fiel da balança a favor dos grupos menos favorecidos. Não só por uma questão de justiça, mas também porque ali podem estar contidas questões cuja vinda à tona trará novos elementos para a avaliação, em mais profundidade, do programa ou serviço em foco.

Plasticidade do processo de gestão: trazer diferentes atores para o interior do processo é lidar com o imprevisto e o inusitado. Um processo completamente formatado e fechado é incompatível com o turbilhão de trocas e embates que podem advir do encontro (e às vezes confronto) de diferentes atores. Nesse sentido, a gestão do processo deve ter plasticidade suficiente para acomodar esse movimento e firmeza necessária para impedir a paralisação do processo ou a dispersão em minúcias. Do ponto de vista do método, a plasticidade requerida aponta a favor de métodos qualitativos para a coleta de dados e informações. Aberto e permeável ao contexto, o referencial qualitativo permite correções de rota, acréscimos e supressões com base no desenvolvimento dos trabalhos. A inclusão de atores até então não considerados, a coleta de dados não previstos e outras modificações são possíveis e mesmo recomendadas no interior desse referencial.

Profundidade da participação: remetemos novamente o leitor ao esquema 2, na qual os autores confrontam as dimensões amplitude e profundidade da participação. O grande desafio aqui posto é como ter os atores inseridos nas diferentes fases da avaliação (elaboração do plano, das perguntas, coleta, análise, julgamento e recomendações). Quanto maior o número de fases permeáveis aos diferentes atores, tão mais profunda será a participação. É inevitável que algumas etapas exijam conhecimento técnico específico – o que não se espera seja prerrogativa de todos os participantes. No entanto, devemos considerar ser a participação um movimento essencialmente político, e não exatamente técnico. Com isso, queremos chamar a atenção de que não se trata de banalizar a técnica nem de restringir a participação a algumas etapas. Não é inconciliável o saber específico, necessário para a condução de algumas tarefas com qualidade e rigor, e o compartilhamento dos achados e seu processamento; afinal, estamos tratando de um objeto (programa ou serviço) que não é distante ou estranho para nenhum dos envolvidos em sua avaliação. Nesse ponto, ocorre-nos a metáfora da clínica médica: não se trata de abrir mão do conhecimento médico na detecção do mal de um doente, mas isso não deverá impedir que tanto diagnóstico quanto tratamento sejam discutidos com o paciente, "ator" intimamente envolvido e interessado no processo e seus resultados.

Além dessas dimensões norteadoras, queremos chamar sua atenção para dois pontos importantes. Primeiramente, todas essas dimensões requerem um espaço físico e social para ocorrerem, ou seja, é necessária a criação de um espaço de acompanhamento e deliberação em torno da avaliação empreendida pelos atores que decidiram participar. Composto por avaliadores profissionais e por representantes dos grupos de interesse, esse coletivo deverá se reunir sistematicamente durante os trabalhos, para fazer correções de rota, aprender com o processo, inserir ações não previstas, compartilhar análises do que vai sendo coletado, entre outras coisas. Esse espaço é um local por excelência do processo participativo, embora não se deva negligenciar outras instâncias menos formais que, igualmente ou até em maior proporção, têm o poder de facilitar ou dificultar enormemente o processo.

A outra questão diz respeito ao julgamento propriamente dito. Afinal, todo o processo avaliativo se faz em torno do anseio de identificar méritos, valores e limitações do programa ou serviço, a partir do qual se podem fazer recomendações, potencialmente trazendo consequências importantes para alguns dos envolvidos. Imagine se o resultado da avaliação propõe o fechamento ou a redução de alguma parte do programa ou sua mudança de endereço, por exemplo. O julgamento é o momento de grande confluência: das evidências provenientes da coleta sistemática de dados, dos desejos e intenções expressos nos objetivos iniciais do programa, das normas existentes, das vivências e valores dos diversos atores, dos preceitos éticos, entre outras coisas.

Dada essa complexidade, o julgamento e formulação de recomendações deverá se dar no espaço deliberativo, devendo-se garantir que haja representatividade de todos os atores; distribuição equilibrada de oportunidade de interferir nessa etapa; consideração dos pontos de vista sem discriminar origem e posição social ou institucional; e competência necessária para selecionar e interpretar adequadamente as informações (conforme recomendado por Bilodeau et al., 2006).

6. Conclusão

Empreendemos aqui um percurso em torno da ideia de avaliação e participação. Questões intersubjetivas, políticas, epistemológicas e operacionais foram consideradas em um esforço de primeira aproximação com o tema. A questão da participação permeia muitas outras iniciativas e no caso da avaliação assume especial relevância por causa da essência mesma desta última: seu compromisso com a mudança, com a tomada de decisão – o que não é pouca coisa. Afinal, consequências práticas podem ser extraídas do percurso avaliativo, afetando direta ou indiretamente, para o bem ou para o mal, diversas pessoas. Por essa razão, a entrada em cena de grupos que potencialmente podem ser afetados pelas decisões tomadas torna-se fundamental para evitar ou, ao menos, minorar eventuais prejuízos.

Esperamos também ter contribuído para a superação de alguns lugares-comuns presentes na discussão sobre participação que procuram encobrir seus aspectos vitais, colocando-a na mesma prateleira de benemerências sociais tão recorrentes em nosso país. Participação é conquista, como nos alerta Pedro Demo. Nós, avaliadores, já temos o nosso espaço assegurado e podemos trabalhar intensamente para que outros interessados também adentrem o processo. Podemos abrir brechas, cavar espaços, instigar movimentos. Mas a participação terá atingido especial patamar quando a demanda por interferir nos processos partir dos próprios grupos de interesse, sobretudo aqueles tradicionalmente menos favorecidos.

Enquanto isso devemos seguir animados em promover a interação entre a diversidade e, tanto quanto possível, usar todos os meios para que as pessoas sintam-se aptas a falar e, quando o fizerem, possam revelar algo, com a certeza de terem sido ouvidas. E que essa experiência as motive a ingressar em outros e novos processos semelhantes.

Como afirmado por Laperrière e Zúñiga (2006, pp. 140-141):

> Ainda que pareça exagerado, um grupo comunitário pode ter sentido profético, um dom de visualizar um mundo diferente, mais próximo de seus valores, e o avaliador deve colocar-se existencialmente diante dessa profecia. É mais provável o silêncio favorecer o avaliador que o usuário que vivencia o custo de sua afonia e sua invisibilidade. E a pesquisa pode incorporar no discurso público os elementos que ficaram invisíveis nas generalizações abstratas e estatísticas que as sustentam.

Referências bibliográficas

BARON, G.; e MONNIER, E. "Une approche pluraliste et participative: coproduire l'évaluation avec la société civil". *Informations Socials*, n. 110, setembro, 2003.

BILODEAU, A.; ALLARD, D.; GENDRON, S.; e POTVIN, L. "Les dispositifs de la participation aux étapes stratégiques de l'evaluation". *The Canadian Journal of Program Evaluation*, 21(3, 2006), pp. 257-282.

DEMO, P. *Participação é conquista*. São Paulo: Cortez, 1999.

FURTADO, J. P.; e ONOCKO-CAMPOS, R. "Participação, produção de conhecimento e pesquisa avaliativa: a inserção de diferentes atores em uma investigação em saúde mental". *Cadernos de Saúde Pública*. Fiocruz, v. 24, 2008, pp. 2.671-2.680.

LAPERRIÈRE, H. e ZÚÑIGA, R. "Avaliação comunitária: conflitos verticais e ambiguidades metodológicas", in: BOSI, M. L.; e MERCADO, F. *Avaliação qualitativa de programas de saúde: enfoques emergentes*. Rio de Janeiro: Vozes, 2006.

PATTON, M. Q. *Utilization-focused evaluation*. Thousand Oaks, CA: Sage, 1997.

RIDDE, V. "Suggestion d'ameliorations d'un cadre conceptual de l'évaluation participative". *La Revue Cannadienne d'Évaluation de Programme*, n. 21, 2006, pp. 1-24.

WEAVER, L. e COUSINS, J. B. "Unpacking the participatory process". *Journal of Multidisciplinariy Evaluation*, 1, 2004, pp. 19-40.

2

SOBRE AVALIAÇÃO E DESENVOLVIMENTO ORGANIZACIONAL

Rogério Silva[1]

1. Preâmbulo

Escrever este artigo me levou a lugares desafiadores e a reflexões muito oportunas neste momento que o finalizo. O tema da avaliação tem sido objeto de tremendas discussões ao longo das últimas duas décadas nos mais diferentes espaços da sociedade. É bem verdade que temos nos deparado com debates interessantes e profundos nessa jornada. Por outro lado, muitas vezes nos encontramos com textos fadados a repetir aquilo que já vimos, a reforçar os velhos padrões ou a nos levar a direções que nos deixam com a sensação de que pouco se avança nessa ciência aplicada.

Para tentar fugir do lugar cativo aos textos que sistematicamente propagandeiam os milagres da avaliação na vida organizacional, fiz opções que convidarão leitores e leitoras a navegar em águas um tanto revoltas ao longo dos próximos parágrafos. De toda maneira, a leitura alcançará também mares mais azuis no que podemos chamar de segunda metade do texto. De toda forma, não esperem serenidade. Com uma perspectiva marcada inicialmente pela Teoria Crítica, para então encontrar o Construtivismo (Guba e Lincoln, 2000), este texto quer contribuir para expandir leituras a respeito do sentido, dos papéis, das armadilhas e da potência da avaliação em nossa sociedade.

Por meio de uma revisão de alguns traços históricos do nascimento da avaliação, de estudos de caso que revelam a singularidade avaliativa em duas organizações contemporâneas, do reconhecimento de algumas das

---

1. Rogério Silva é doutor em saúde pública pela USP, com formação e ampla atividade de consultoria, docência e pesquisa no campo do desenvolvimento social. Foi diretor executivo do Instituto Fonte para o Desenvolvimento Social entre 2007 e 2010, organização da qual foi sócio-fundador. É psicanalista em atividade clínica e diretor de pesquisa e desenvolvimento da Move Avaliação e Estratégia em Desenvolvimento Social.
Contato com o autor: <rogerio@movesocial.com.br>.

principais limitações e potenciais da avaliação, bem como de uma construção complementar aos Quatro Standards da Avaliação Moderna, procuro aqui promover maneiras particulares de ler e praticar avaliações, num vértice de saber-fazer como confluência entre ciência, arte e política.

2. A avaliação, a palavra e a política do silêncio

Começo por não lhes dizer que nossas organizações vivem tempos turbulentos e que vagam à procura de portos seguros nos quais atracar. Não lhes direi das enxurradas do capitalismo pós-industrial a arrastar os pilares das nossas instituições tradicionais, tornando-as órfãs de sentidos e leis. Não lhes falarei sobre as corredeiras tecnológicas nas quais submergimos a civilização até nos perdermos do sublime olhos-nos-olhos. Prefiro também não tratar das inúmeras ondas do *Management* que inundaram nossos espaços de trabalho nos últimos trinta anos, com milagrosas promessas de tudo corrigirem. Tampouco quero lhes falar sobre a pressa e as doutrinas com que temos sido abordados nesse colossal *shopping center* batizado de "aprendizagem organizacional".

Para tratar das relações entre avaliação e desenvolvimento organizacional, prefiro tomar caminhos que tangenciam o conjunto central de argumentos utilizados para defender o lugar cativo do método avaliativo no seio das organizações modernas. Elas próprias enquadradas em ideais de unidade, padronização, objetividade, eficácia e organização, sob os totêmicos fantasmas de Taylor e Fayol, figuras paternas que os gurus da administração relutam em devorar e subverter. O convite que lhes faço, no entanto, é para pensarmos na práxis avaliativa como dispositivo produtor da *palavra* em nossas organizações, esses lugares de vínculo, desejo, trabalho e militância nos quais investimos parte significativa de nossa vida.

Pode parecer estranho eleger a *palavra* como eixo de um artigo sobre avaliação, sobretudo quando vivemos tempos de massificação da comunicação, nos quais cada cidadão tem algo a dizer e pode falar alguma coisa. A liberdade das ruas, o falatório televisivo, a indústria editorial, a blogosfera e a twittosfera, tudo aí está para nos afirmar falantes, em uma civilização tagarela. Contudo, por mais que nossas organizações dependam da *palavra* para existir, sendo por seu intermédio que forjamos saberes, planos e decisões, é também surpreendente como temos sido capazes de produzir organizações nas quais a *palavra* deixou de ser um caminho privilegiado de construção e transformação de sujeitos e grupos, para ser prótese sob o controle de minorias.

Paradoxal silêncio em tempos de tanta conversação. De um lado, uma política do silêncio voltada a produzir homens e mulheres agentes da organização, cuja subjetividade, acachapada e assimilada nas engrenagens da máquina de dirigir, perfaz ventríloquos que falam sem *palavras*. De outro lado, o reconhecimento de que o ser humano é, antes de tudo, um ser de *palavra*, feito na *palavra*, com a *palavra* e pela *palavra*. Como destaca Chanlat, só o sujeito capaz "de expressar em palavras a realidade, tanto interior quanto exterior, pode aceder ao mundo das significações" (Chanlat, 1996). Sujeito que tem no simbólico um registro capaz de lhe facultar um lugar e um tempo, uma razão ocupada de si e um aparelho de interação com aquilo que o cerca e o habita. Como se a *palavra* adquirisse em cada um de nós a faculdade de órgão de percepção pelo qual podemos nos saber e saber o Outro: olho-palavra, ouvido-palavra, língua...

Mantendo-nos na direção à qual nos convida Chanlat, podemos supor quão importante é, para cada sujeito, a produção e a circulação da *palavra* nos espaços organizacionais. Porque *palavra* que circula é saber que circula, poder que opera e se movimenta. São relações, desenho de destinos e escrita do cotidiano. Nesse contexto da importância da gênese e da fluência da *palavra* é que constatamos em nossas organizações, sempre assombrados, forças agindo no sentido de vetar e silenciar, fazendo dessa mordaça um potente mecanismo de exclusão, controle e assujeitamento. Como na aterrorizante história de Frankenstein, de Mary Shelley, vemos as instituições marcharem para devorar e eliminar seus criadores.

Entre os diversos autores que se dedicaram a estudar tais forças de censura em suas formas mais ou menos violentas é Foucault (2007) quem nos desperta o interesse para o que chama de "práticas e sociedades disciplinares" em um paradigma disciplinar. Nele, as instituições se lançariam a ordenar o pensar e o agir de sujeitos e grupos, organizando o espaço, controlando o tempo e obtendo um registro ininterrupto das condutas, cada vez mais submetidas a regras e silenciadas em seus sentidos e inquietações. Foucault definirá o poder nas instituições disciplinares como poder pan-óptico, baseado numa permanente vigilância dos indivíduos, a desembocar num tipo de punição preventiva, cabresto tão bem retratado desde Chaplin, em *Tempos modernos*, até *Minority report*, de Spielberg, passando pela trilogia *Matrix*, dos irmãos Wachowski.

Em sua racionalidade silêncio-controle é que a relação entre avaliação e desenvolvimento organizacional é denunciada neste artigo. Se os mecanismos tradicionais de disciplina implicam silêncio, rotinização, formalização, supervisão, medição, comparação e recompensa-punição, impondo ao sujeito um trilho a seguir, que sentido caberia às práticas de avaliação nessa cultura que não o de aparato de controle? Em busca de saídas, seria possível produzir avaliações que favoreçam a produção e a circulação da *palavra* e a consequente apropriação da organização pelos sujeitos, em detrimento de sua alienação nas engrenagens da máquina gerencial? As práticas de avaliação poderiam contribuir para que os sujeitos falem e saibam a respeito de seu fazer? Sem ganas de esgotamento da questão, é o que tentaremos responder aqui.

3. Algumas disputas pelo território avaliativo

Ao longo do século XX presenciamos o nascimento de uma série de escolas e modelos de avaliação dedicados a influenciar as formas como a civilização[2] reconhece e atribui valor a seus feitos. Como bem ilustraram Guba e Lincoln (2003, pp. 94-109), esse longo processo de transformação da avaliação em campo de saber, logo profissional, esteve marcado por quatro grandes gerações de cientistas, não necessariamente quatro epistemes, que fizeram da avaliação diferentes objetos de trabalho.

Primeiro, o conceito de avaliação foi tomado como forma de conhecer a realidade por meio de medições quantitativas, em profunda associação com o positivismo lógico. Depois, o conceito foi tomado como certo instrumental para descrever processos, comportamentos e fenômenos, ancorando a avaliação em outras epistemologias. Depois ainda, a avaliação foi definida como técnica para julgar mérito e relevância das ações humanas, segundo critérios externos *ad hoc*. Por fim, na efervescência cultural das décadas de 1960 e 1970, a avaliação foi tragada como construção de um saber plural e parcial sobre a realidade, sempre com validade para determinado grupo em um contexto sociocultural particular. Um século no qual a avaliação nasceu

2. A palavra "civilização" é tomada aqui no sentido que Freud a define em *O mal-estar na civilização*, ou seja, de certo processo histórico e cultural que implica robusto crescimento das instituições, das leis, técnicas e artes, que tendem a dar contornos e limites aos desejos humanos, mantendo de fora o que não interessa aos padrões conjunturais da vida coletiva (Freud, 2010).

retilínea e técnica, para em sua quarta geração amadurecer ampla miscigenação ético-política, objeto de fervorosas disputas.

Caso lancemos um olhar classificatório complementar ao de Guba e Lincoln, poderemos reconhecer a história da avaliação no século XX como o constructo de um sofisticado instrumental de poder a serviço da administração moderna. Esta, regida por ideais de padronização (do produto e do serviço), de mitigação e controle de riscos (até mesmo da subjetividade humana), de eficiência na produção (mais resultados com menos recursos) e, por fim, da primazia do econômico como único critério de medida (superexpansão do conceito de capital). Forjada no seio da sociedade industrial, coube à avaliação ser ferrolho nas dinâmicas organizacionais, num tom primordial de vigília: observar, medir, apontar, eliminar, corrigir e fazer superação, em ciclos incessantes de produção.

Como não cabe a este texto seguir numa exploração ainda mais detalhada da gênese das práticas de avaliação, ainda que esse tema continue pouco explorado na literatura específica, tentemos nos voltar ao presente de nossas organizações e nos colocar algumas questões e sobre as quais desenvolver alguma reflexão: "Que fantasmas a metalinguagem da avaliação foi capaz de produzir nesse seu século de existência? Quão assombrados tornaram-se os sujeitos avaliados no seio das instituições modernas? Que sentidos foram atribuídos à avaliação sob o patrocínio dessa metalinguagem? Que alternativas têm sido possíveis nesse árido percurso das práticas avaliativas, para nelas florescer potenciais de emancipação e desenvolvimento de sujeitos e organizações?".

Para que possamos mergulhar nessas questões e emergir num outro lado possível das práticas e pensamentos, olhemos para a breve descrição a seguir, que se coloca como caso a revelar um ambiente organizacional autocrático e infecundo para certa avaliação pela qual tento advogar: aquela em que é possível produzir *palavras* com sentidos e implicações para os sujeitos. Trata-se do extrato de uma história de consultoria vivida por uma dupla de profissionais, algum tempo atrás.

Favor ficar em silêncio durante a avaliação

Por volta de 2005, eu e uma colega fomos convidados a realizar um processo de avaliação institucional em uma ONG voltada à causa ambiental. Com um invejável conjunto de apoiadores, razoável inserção na mídia, boa demanda por seus programas de sensibilização de consumidores e com publicações que circulavam em importantes espaços sociais, a organização navegava com certa consistência numa direção estratégica que parecia relevante para seus stakeholders.

Procurados pelo diretor responsável pela equipe técnica, encontramos um sujeito entristecido com a realidade organizacional. Falando da existência de muito sofrimento na equipe, da necessidade de mudar as relações de poder e do desejo de ver a organização compreendendo melhor seus resultados, erros e acertos, o diretor apostava suas últimas fichas na criação de uma cultura de avaliação que também os ajudasse a planejar melhor.

À medida que abríamos espaços de escuta das quase trinta pessoas da equipe técnica, tínhamos a sensação de mergulhar nas masmorras americanas na Baía de Guantánamo. Gente com medo, constrangida, adoecendo, demissionária e, sobretudo, receosa em falar. Um grupo enfraquecido em sua capacidade de formular, dialogar e cooperar, e cético quanto a mudanças. Muitos deles ali estavam apenas na tentativa de lutar pela causa ambiental, uma vez que se sentiam vinculados a ela e desdobravam-se para dar importância a sua causa. Pagavam um preço impossível.

No topo de uma organização tão hierárquica quanto um feudo medieval, a presidente mantinha um conselho deliberativo alienado da realidade e interferia cotidianamente nas atividades administrativas. Nada fugia a seu olhar aquilino. Chegava a telefonar para a própria organização a fim de criticar a maneira como a telefonista atendia as ligações. Outras vezes, censurava relatórios produzidos pela equipe, acusando publicamente as pessoas de fraqueza intelectual. Mas aquilo que mais incomodava e que mais produzia tensão no trabalho era sua maneira de reprovar publicamente as ações realizadas pela equipe, tendo como argumento a ideia de que as pessoas rendiam mais, quando sob pressão. Repetia diariamente que a organização não estava ali para acolher ou fazer caridade para os colaboradores.

Cuidadosamente, procurávamos ajudar o grupo a identificar o complexo que havia se tornado a palavra avaliação. Algo diretamente vinculado à avassaladora e enigmática expectativa da presidente, relacionado a falsidade e mentiras, humilhação e demissão. Uma prática que precisava ser evitada, fraudada e escondida, pois errar estava forcluído daquela cultura. Enquanto a demanda inicial era pela criação de espaço de avaliação, percebemo-nos em um delicado caminho de acessar a sombria cultura avaliativa existente, para nela produzir mudanças sem as quais a organização romperia.

Ao longo de quase doze meses, interviemos de muitas formas para que a organização pudesse realizar uma leitura de seu processo de desenvolvimento e acessar as forças e mecanismos que produziam e sustentavam aquela situação. À medida que criávamos espaços mais seguros para que as palavras pudessem eclodir, o grupo surpreendia-se com seus padrões e preconceitos: competição desleal, descrença em mudanças, intolerância ao erro, centralização e atropelo, descrédito no diálogo. Tudo eram crenças sobre as quais a cultura de toda a casa, e não apenas da presidência, se assentava.

Paulatinamente, ora entre sorrisos e conquistas, ora entre lágrimas e retrocessos, o grupo repactuou um amplo conjunto de princípios de trabalho, fazendo importantes enfrentamentos das crenças e preconceitos e, oportunamente, também da presidente e seu modelo de governança. Com um novo plano de trabalho repactuado, papéis e políticas sendo criados e revisados, novos dispositivos de diálogo e aprendizagem inseridos na agenda, deixamos a organização para vê-la desenvolver-se, ainda a solavancos e com alguma gritaria – isto sim, novo – nos meses subsequentes.

Ainda que o caso em questão contenha um marcante traço de autocracia na gestão de uma organização, nele nos deparamos com um aspecto que tende a ser negligenciado quando pensamos ou praticamos avaliação em nossas organizações ou programas. Trata-se do saber elementar de que um processo de avaliação é sempre parte da cultura de uma organização, sendo seu componente genético operante em seu cotidiano. Ao lado de outros movimentos inexoravelmente presentes nas organizações, tais como forças criativas, planejadoras, executoras, orçamentárias, entre tantas outras, as forças avaliadoras também residem na estrutura das organizações a cada momento em que as concebemos, tendo importante papel em seu processo de desenvolvimento.

Por isso cabe um apelo para que procuremos trabalhar com o existente da organização, com as forças avaliadoras ali instaladas. Armar dispositivos para fazer a avaliação subjacente emergir e, a partir disso, trabalhar com o emergente, até mesmo nele ativando mutações, quando necessário.

Nesse sentido, desenvolver capacidade avaliativa tornar-se-ia muito mais trabalho de percepção e favorecimento que de engenharia civil. Percebermos, reconhecermos e surpreendermo-nos com a presença e os sentidos da avaliação na complexa teia de desejos e limites que compõe uma organização, o que volta a nos remeter para a importância da *palavra* como acesso a esse saber tantas vezes soterrado.

Neste trabalho, um ponto de atenção crucial está em torno de quão despertos e respeitosos costumamos ser para perceber que a cultura avaliativa subjacente irá sempre responder, muitas vezes de forma inusitada, a qualquer intervenção que procure instalar algo novo desde a superfície da organização; ela irá sustentar seus próprios sentidos e interesses. Cada vez que partirmos da ideia de acoplar um processo avaliativo a uma organização, como se ali instalássemos uma prótese, saibamos que trabalharemos sob o comando de tramas inaudíveis a nos levar aonde for sua possibilidade. Se as forças subjacentes são violência e intolerância, aí estaremos em nosso processo. Se forem de mordaça e impossibilidade, teremos uma avaliação silenciosa. Se criativas, é possível que a intervenção produza saberes relevantes e transformações. Diante desses complexos conjuntos de forças, caso sigamos sem respeito e escuta, estaremos à deriva.

Dito isso, retomemos agora uma de nossas perguntas: "Que fantasmas a metalinguagem da avaliação foi capaz de produzir neste século de existência?". No exemplo que escolhemos para ilustrar o texto, a dinâmica avaliativa da organização operava numa metalinguagem ameaçadora para as pessoas. Pensemos como as forças correntes de avaliação ali instaladas vertiam um discurso imperativo sobre a organização, ao mesmo tempo em que retiravam do sujeito a possibilidade da *palavra*. E diziam: *não pense no que você está pensando, faça apenas o que lhe é mandado. Atenda às expectativas da presidente. Você já não é bom nem nisso que faz, portanto não tente inventar outras coisas. Não falhe, não erre, não cometa enganos. Se você errar, será humilhado em público. Se você está descontente, cale-se e saia, há outras pessoas mais competentes que você aptas a ocupar seu lugar e fazer seu trabalho com mais competência*. Nessa metalinguagem, que possibilidade de trabalho seria possível e que sentido poderia ter uma conversa avaliativa, quando certa verdade paranoica anunciava aos sujeitos uma sentença de mordaça?

Se deixarmos de lado o caso em questão e nos lançarmos a observar traços da cultura moderna hegemônica em muitas de nossas organizações, talvez nos deparemos com posições metalinguísticas semelhantes nas práticas de avaliação. Um fantasma que atormenta o sujeito por não lhe permitir agir fora daquilo que lhe está determinado pelos padrões administrativos ou culturais. Que recomenda que o sujeito faça silêncio quando de sua presença na organização, lhe retira a possibilidade da *palavra* implicada, para lhe reforçar discursos alienantes. Um fantasma que cala o sujeito e faz falar o fantoche, que valida só o critério de quem detém poderes ilimitados. Que transforma variação em erro, novidade em risco e criatividade em ameaça ao poder hegemônico. Como em *Fahrenheit 451*, de François Truffaut, termina-se por encomendar avaliações capazes de atear fogo a qualquer saber-poder que represente ameaça ao estabelecido.

É o sujeito assustado pela possibilidade de queimar-se em incêndios organizacionais, o protótipo do homem-avaliado que iremos encontrar no seio da instituição moderna. Os filhos temerosos da aprovação dos pais, os alunos em desespero diante das notas vermelhas e conselhos de classe, os profissionais paralisados diante das avaliações de desempenho, os gestores assombrados em face das avaliações de impacto. Uma procissão de gente com medo de que a avaliação revele a falha e ofereça aos suseranos o poder supremo de lhes infligir palmadas, reprovações e demissões. Deixando de lado as posições masoquistas que encontrariam prazer nesse lamaçal, é essa a população moldada pelo fantasma avaliativo a assombrar as organizações modernas. Sempre o sem-saída, o desespero, o disfarce, o artifício e a mentira para fugir das garras do Grande Avaliador.

4. Um discurso para semear flores no mais além das trincheiras

É possível que a esta altura alguns dos leitores estejam a me refutar. Pois haveria pessimismo em excesso neste texto? Será que as organizações contemporâneas não superaram a organização moderna nascida na Revolução Industrial? Será que não se percebe que o paradigma fabril naufragou no grande projeto de criação de organizações inteligentes a apostar no valor do trabalho imaterial? Será que não estão sendo aqui renegadas as imensas contribuições da avaliação para o processo civilizatório, favorecendo a transparência, a objetividade, a eficiência e a descoberta do mérito e da relevância de tantas ações sociais? Será que não nos esquecemos de quanta diferença as avaliações externas fizeram na melhoria da qualidade de vida das pessoas e na ampliação da segurança dos usuários e consumidores de serviços e produtos? Não está este texto calcado em demasia numa imagem guerrilheira de desenvolvimento, contaminado pelo que escorre dos umbrais das trincheiras organizacionais?

É possível que alguns dos senhores e senhoras estejam corretos em sua leitura, e que parte das questões aqui apontadas sejam nada mais do que um pequeno e imperceptível traço sombrio da aliança entre avaliação e processo civilizatório. Instaurar a dúvida é, contudo, o sempre sublime, e lhes peço a gentileza de concederem esse benefício aos argumentos aqui apresentados. Em primeiro lugar, porque quero que este texto continue movido pelo desejo de convidá-los à práxis avaliativa, sem contraindicações. É bem sabido, por exemplo, que em alternativa às forças comprometidas com esse notável projeto de eficiência organizacional a nos dizer "você pode mais, desde que não pense muito" muitos desejos e dispositivos têm emergido com o compromisso de cultivar espaços de reflexão e aprendizagem nas organizações. Capazes de humanizar o processo de gestão organizacional, esses dispositivos têm sido voltados a desenvolver nas organizações capacidades de conhecer e julgar a extensão e o sentido, o mérito e a relevância de sua *pegada social*, o rastro deixado no mundo pelas suas ações.

Como mencionado em texto anterior, "em tempos de tomar nas mãos o tema da sustentabilidade, imperativo ético para a governança destas décadas, é possível compreendermos o *cuidado* com nossas organizações, como bela oportunidade para cuidar da vida do planeta e, por consequência, da sobrevivência de todas as espécies" (Silva, 2010). Creio que concordamos com o fato de que nas organizações investimos parte significativa de nossa potência e desejo, por meio delas operamos alguns de nossos princípios éticos mais profundos, nelas sustentamos boa parte de nossas relações sociais e exercemos influência no mundo. Nesse sentido é que ganham importância nossas escolhas para o governo das organizações. "Se nos alienamos em máquinas organizacionais afoitas *apenas* a produzir resultados e ávidas a negligenciar processos, é provável que não façamos nada além de reforçar os destinos sociais traçados nos últimos 150 anos: produção, consumo, concentração e morte. Se nos implicamos em *organismos sociais* vivos, interessados em promover e garantir direitos humanos e sociais fundamentais, é possível que sejamos capazes de diluir o tórrido destino humano, há décadas regido pelas batutas do egoísmo e da inconsequência" (idem).

Nesse sentido, é para produzir organizações atentas e implicadas ao mundo, que se torna oportuno advogar pela vitalidade potencial de processos de avaliação-aprendizagem. "Avaliar pode implicar olhar com abertura, cuidado e precisão. Pode significar reconhecer falhas e limites, favorecer talentos e sucessos, bem como corrigir erros e contornar obstáculos. Avaliar pode ser um caminho sólido de construção de sentidos e saberes que ajudem a pulsar o desenvolvimento organizacional. Avaliar pode ser um ato ético-político progressista e humanitário" (ibidem) desde que nos dediquemos a nos mover para além da retórica. Como também explicitado em texto anterior, reivindicamos um ato avaliativo que compreenda

> um conjunto de práticas ético-políticas que sustentam intenções e realizam ações com efeito de medir, descrever e julgar o sentido, mérito e relevância das intervenções humanas, a fim de produzir aprendizagens para os sujeitos nela envolvidos, de forma particular, e para a sociedade, de forma geral. (Silva e Brandão, 2011)

Quando tomamos esse contorno ideológico e desejante como missão profissional, deparamo-nos com dois grandes fundamentos da prática, que gostaria de marcar neste texto com a maior clareza possível. O primeiro fundamento diz respeito ao reconhecimento da herança histórica com a qual nos relacionamos nesse campo, cujas raízes remontam a todas as peças engenhosamente combinadas para permitir o êxito da Revolução Industrial e a consolidação da ciência moderna. Sem consciência da história e suas projeções no nosso cotidiano, não seremos nada além de veleiros soprados pela brisa que nos mandarem velhos senhores.

O segundo fundamento diz respeito ao que quero aqui nomear como o Quinto Standard, este faltante na prática avaliativa, cuja potência pode ser propulsora de outra dinâmica de avaliação em nossas organizações. Para tomar o conceito de *Standard*, nos remetamos por algumas linhas à publicação intitulada *The program evaluation standards. How to assess evaluations of educational programs*, publicada pelo The Joint Committee on Standards for Educational Evaluation, em 1994 (Sanders, 1994). Nela, quatro padrões são solidamente apresentados e fundamentados como condições essenciais para orientar um processo de avaliação, permitindo, sobretudo, que a qualidade de qualquer avaliação possa ser julgada pela sociedade. Em livre tradução, os quatro *Standards* são: Utilidade, Viabilidade, Precisão e Propriedade (*Utility, Feasibility, Accuracy and Propriety*).

Não restam dúvidas de que o uso dos *Standards* tem sido um fator de melhoria da qualidade das avaliações ao longo do tempo, sustentados até mesmo por miríades de artigos, livros e discussões que procuram manter vivos os padrões dentro de diferentes culturas. Ainda que haja grandes debates a respeito dos sentidos de cada padrão, como a saudável polarização entre Michael Scriven e Michael Patton em torno da ideia de Utilidade (Donaldson, 2009), é crescente a ideia de que os *Standards* têm sido capazes de abarcar muitas escolas avaliativas e, quando seguidos com critério e cuidado, têm ajudado a produzir boas práticas avaliativas. Contudo, o que também percebemos é certa falência nos *Standards* quando as questões em foco envolvem a relação umbilical entre avaliação e desenvolvimento organizacional, sempre indissociáveis na estrutura, na história e nos discursos das organizações.

O *Quinto Standard* diz respeito aos sentidos dessa ligação, às formas como a prática de avaliação opera em relação ao processo de desenvolvimento organizacional. O *Quinto Standard* caminha por lugares nos quais se dão os encontros entre os diversos sujeitos que produzem uma organização, entre esses sujeitos e a organização produzida. Em razão de iluminar aquilo que se posiciona como força vital na organização, em função de sua estrutura complexa, sua funcionalidade não causal, seus limites temporais e espaciais não mecânicos, sua capacidade de autoprodução e autorregeneração, bem como por sua intencionalidade pulsional e endógena, o *Quinto Standard* vai aqui nomeado Organicidade, tema que novos estudos estão convidados a aprofundar.

Se o diretor de determinado programa convida um sujeito para um trabalho de avaliação, ou publica um termo de referência contendo certa pergunta avaliativa, como "*em que medida as coordenadoras pedagógicas modificaram suas premissas e métodos de trabalho nas escolas?*", ou "*que alterações o novo currículo de gestão social produziu na vida profissional dos egressos da especialização?*", essas são falas que precisam ser tomadas como emergentes do processo de desenvolvimento organizacional, por isso anunciadoras desse processo. O significado da pergunta é tributário das relações entre gestores e financiadores, técnicos e gestores, técnicos e participantes; é tributário das expectativas por resultados e da qualidade dos acordos estabelecidos entre os atores. Antes disso, contudo, é uma pergunta parida por uma organização que sempre atravessa um momento singular de seu desenvolvimento. Momento em que forças organizacionais tais como planejamento, governança, organização, financiamento e avaliação estão articuladas em certos sentidos e direções.

Será a leitura dessa constelação de forças organizacionais aquilo que poderá favorecer o desenvolvimento de uma avaliação que, só então, poderá ali operar um procedimento técnico capaz de produzir informações que respondam à demanda de desenvolvimento. Em nenhuma hipótese uma pergunta de avaliação deve ser tomada apenas como "mais uma pergunta técnica, a respeito de um componente técnico de um projeto". Pelos longos anos de experimentação e diálogos, ouso lhes afirmar que se trataria de um erro crasso. Vejamos no breve relato de caso a seguir algo que em certa medida dialoga com a argumentação em curso.

Com licença, vou à luta!

Alguns meses antes do período de elaboração deste artigo, recebi um telefonema da proprietária de uma jovem empresa voltada a atividades de turismo sustentável na região Centro-Oeste do Brasil. Depois de ter vivido um período de incubação em uma universidade pública federal, a empresa chegara ao final do período de incubação e dava início a esta mudança com uma considerável carteira de clientes e um bom portfólio de serviços. Existiam, contudo, grandes dúvidas a respeito do futuro da empresa e até mesmo incertezas sobre seguir ou não adiante no empreendimento, questão que vinha emaranhada à ideia de converter a empresa numa organização não governamental; uma rara demanda, diga-se de passagem.

A solicitação inicial foi para que eu os ajudasse a avaliar o portfólio da empresa: serviços voltados a diagnosticar e melhorar o clima organizacional de hotéis, pousadas e agências de turismo, bem como a apoiar seus clientes a humanizar e qualificar o trabalho de seus colaboradores, em busca de impactos positivos nos consumidores dos serviços, bem como no próprio clima da organização. Com essa demanda diante de nós, num contexto de emancipação repleto de perguntas, começamos a trabalhar.

Com algumas rodadas de diálogo envolvendo diversos colaboradores da empresa, pudemos perceber diferentes sentidos para o processo de avaliação que construíamos. Havia cada vez mais clareza de que interessava muito uma avaliação cuidadosa do mérito e da relevância do portfólio de serviços. Algumas perguntas singelas, mas muito honestas com o momento da organização, foram sendo conhecidas: a que necessidades estamos respondendo com nosso trabalho? Estamos sendo criativos nas nossas ações? Temos feito diferenças significativas no trabalho de nossos clientes? Somos tão bons como realmente pensamos que somos? Por que nos sentimos tão dependentes?

Ao mesmo tempo em que cuidávamos da avaliação, o grupo trabalhava muito na relação entre a avaliação e as ações de melhoria da gestão que também se fortaleciam, tais como: qualificação de procedimentos administrativo-financeiros, mudanças na comunicação com clientes, repactuação da política de remuneração etc. A empresa empreendia um delicado movimento de emancipação da incubadora, buscando com a avaliação uma maneira de amadurecer e ajustar sua identidade organizacional, o que também lhes trazia grandes inseguranças quanto a esse novo lugar.

Em uma cultura na qual se reconhecia que cada colaborador influenciava o futuro da empresa, ajudando na construção de um novo referente para o lugar da onipresente incubadora, sempre acima das políticas e das regras de mercado, a construção de uma nova ordem de saber e de poder naquele grupo era intervenção crucial para seu desenvolvimento.

Um novo discurso nascia deles, para apoiar a empresa a dialogar com o mercado, com potenciais e novos clientes e outros parceiros naquele território. O território, aliás, deixava para trás a imagem de conhecido quintal dos primeiros anos de vida, para tornar-se a sedutora e perigosa malha urbana. Na singularidade da história e do tempo daquela organização, a avaliação do portfólio de serviços, entre análise de discurso e benchmarking, *fazia as vezes de uma metáfora paterna a encorajá-los ao mundo.*

Para aqueles que porventura se mantêm saudavelmente com a pulga atrás da orelha em relação a essa argumentação, uma experiência simples pode talvez lhes arrefecer os desejos de me nomear papa-defuntos. Pensemos no seguinte. Caso avaliar seja algo radicalmente leve nas organizações, caso haja profunda tranquilidade para que os grupos assumam essa tarefa, nela vendo algo tão anódino como pílulas de farinha, é possível que a construção de perguntas avaliativas passe despercebida e friamente pela vida organizacional. Mas experimentemos passar velozmente pela construção de perguntas ou forçar a incidência de uma pergunta sobre um grupo. Experimentemos conduzir uma avaliação com base em perguntas não emergentes da dinâmica organizacional. Invariavelmente, "a cada vez que os interessados não se ocupam e se implicam com as perguntas, ou seja, a cada vez que elas não emergem da vida organizacional, trabalhar-se-á em um relatório destinado a não mais do que ocupar espaços na prateleira" (Silva, 2010), nas gavetas, ou, mais recentemente, a apoiar monitores *flat*.

A cada rodada em que se intensifica o descolamento entre avaliação e desenvolvimento organizacional, cada vez que damos aos avaliadores a condição de sujeitos da avaliação, enquanto aos sujeitos do projeto renegamos a função de objeto, tendemos a mergulhar num paradoxo onde o cientista avaliador ganha poder para garimpar a realidade em busca da "verdade", ao mesmo tempo em que a complexa vida organizacional, em seu emaranhado de desejos e discursos, desaparece da arena avaliativa, para nela ser rebaixada ao *status* de banco de dados. Nessa efusão de disputas, sobretudo porque a organização tenderá a não ficar calada e, ao menos, encobrir sua intimidade para o olhar avaliador, "a política da *técnica* passa a defender a objetividade externa como o melhor caminho até a verdade, evitando a mistura com o que está dentro, reivindicando para si a objetividade científica e regulando seu olhar para o projeto a partir de um constructo teórico que pouca correspondência com a realidade singular de uma organização irá encontrar" (Silva, 2010). Enquanto isso, a vida organizacional tenderá a rejeitar o saber produzido pela *técnica*, articulando-se em sublime mecanismo de sobrevivência.

No que cabe a cada profissional, algo complementar nessa reivindicação por um *Quinto Standard* deve ser dito. Trata-se de regular a disposição que um sujeito ou grupo tem para dirigir um processo de avaliação. Tomemos como fundamento primário o seguinte axioma: "o desejo do profissional é que haja desenvolvimento" (Silva, 2008). Tomemos ainda sua derivação a nos levar a um segundo axioma-chave neste texto: "o desejo do profissional é que haja avaliação". Ou seja, que se instaure um dispositivo capaz de produzir olhar e revisão, descoberta e aprendizagem, atenção e saber. Em sua natureza ontológica, um processo de avaliação deveria, essencial e consistentemente, produzir avaliação: em certa medida, um ato que resulte em objetos conhecidos em seus valores, méritos e relevância, compreendidos em seus sentidos luminosos e sombrios, comparados e julgados. Ato que resulte em saberes que possam ser conhecidos, problematizados e apreendidos em futuras ações e mesmo em outros contextos. Ato que produza conhecimento explícito a partir de conhecimento tácito, que favoreça aprendizagem para um sujeito particular e para as coletividades.

Entretanto, se no seio da cultura organizacional a direção de um processo de avaliação implica um conluio para que certo segredo seja conhecido, um erro seja propositalmente explicitado e usado para destruir adversários, de que esta ou aquela falha ganhe a publicidade necessária para justificar decisões anteriores, saibamos que se deixou de operar um dispositivo avaliativo para privilegiar uma máquina de guerra organizacional. Sabemos que, travestidas de avaliação e de aprendizagem, as máquinas de controle fizeram coisas inomináveis ao longo da história. Muitos de nós a vivemos na cabeça e no corpo. Por sua vez, se adormecemos para esse fato, por ingenuidade, negligência ou interesse, favoreceremos que o imaginário e a cultura dos grupos e organizações sigam associando os significantes avaliação-punição, avaliação-castigo, avaliação-controle, avaliação-mentira, aniquilando a capacidade de interlocução e de aprendizagem de um grupo.

Que tipo de desenvolvimento organizacional podemos então produzir a partir de avaliações descoladas da realidade organizacional e destinadas a concentrar o poder nas mãos de poucos? Se desenvolvimento é também sinônimo de um balanço complexo e produtivo dos campos e forças que concorrem para a sustentabilidade de uma organização, sempre podemos pensar em quantas maneiras as práticas de avaliação influenciam os destinos de uma organização, quanto contribuem para o nascer de uma identidade, para mobilizar recursos, para ajustar demandas sociais e oferta de serviços, para estudar as práticas com critério e sentido e, finalmente, o quanto favorecem a permanente e necessária circulação de saber e de poder nos cenários organizacionais: produção da *palavra*.

É por aí que segue a necessidade de que a avaliação contemporânea, ancorada em pensamento histórico e reflexivo e depositada sobre o aqui-agora da vida organizacional, favoreça as conexões entre processos de avaliação e desenvolvimento organizacional, ajudando a construir potência avaliativa em sujeitos e organizações vivos e autônomos. Atentos ao subjacente, tornar-se-á mais simples a construção de caminhos metodológicos que respondam às perguntas de cada sujeito e grupo interessado.

É possível que estejamos a viver tempos muito interessantes no campo epistemológico, nos quais os principais dilemas da avaliação contemporânea já não residem na ruidosa relação entre *qualitativo* e *quantitativo*, tampouco nas disputas entre avaliações internas ou externas, somativas ou formativas. É possível que residam na articulação entre a política e a técnica, entre liberdade e controle, os nossos desafios, lançando aos sujeitos da prática avaliativa, sejam gestores, equipes e consultores, um vigoroso dilema a respeito de "para que", "o que" e "como" dirigir os processos de avaliação. Sempre a ágora na qual estamos livres para escolher posições e colocar mãos à obra.

Referências bibliográficas

CHANLAT, J.-F. "Por uma antropologia da condição humana nas organizações", in: CHANLAT, J.-F. (org.). *O indivíduo na organização: dimensões esquecidas*. 3ª ed. São Paulo: Atlas, v. 1, 1996.

DONALDSON, S. (org.). "The 2009 Claremont debates: The promise and pitfalls of utilization-focused and empowerment evaluation". Disponível em <http://www.davidfetterman.com/ClaremontDebate.pdf>.

FOUCAULT, M. *Vigiar e punir: história da violência nas prisões*. 36ª ed. São Paulo: Vozes, 2007.

FREUD, S. *O mal-estar na civilização – Novas conferências introdutórias à psicanálise e outros textos (1930-1936)*. São Paulo: Companhia das Letras, v. 18, 2010. Obras completas.

GUBA, E. G.; e LINCOLN, Y. S. "Paradigmatic controversies, contradictions, and emerging confluences", in: DENZIN, N.; e LINCOLN, Y. S. (eds.). *Handbook of qualitative research*. 2ª ed. Thousand Oaks: Sage, 2000, pp. 163-188.

—. "Uma abordagem naturalística para avaliação", in: SANDERS, J. (org.). *Introdução à avaliação de programas sociais*. São Paulo: Instituto Fonte, 2003, pp. 94-109.

SANDERS, J. R. (ed.); e The Joint Committee on Standards for Educational Evaluation. *The Program Evaluation Standards*. 2ª ed. Thousand Oaks, Califórnia: Sage, 1994.

SILVA, R. R. "Intervir em processos de desenvolvimento: algumas notas", in: *Conversando com o futuro. Relatório anual 2007*. São Paulo: Instituto Fonte, 2008.

—. "Avaliação e desenvolvimento organizacional: encontros e desencontros", in: *Avaliação de práticas sociais: fazer saber, saber fazer. Relatório anual 2009*. São Paulo: Instituto Fonte, 2010.

SILVA, R. R.; e BRANDÃO, D. B. "Nas rodas da avaliação educadora", in: ONOCKO-CAMPOS, R. T.; e FURTADO, J. P. (orgs.). *Desafios da avaliação de programas e serviços em saúde*. Campinas: Unicamp, 2011.

3

INDICADORES: O DESAFIO DE EVIDENCIAR MUDANÇAS

Lúcia Peixoto Calil[1]

Originário do latim (*indicatore*), o termo "indicador" significa "aquilo que indica ou serve de indicação". Na linguagem coloquial ou na técnica, essa acepção tem sido amplamente aceita, considerando-se os indicadores como referências para o conhecimento e a compreensão de fenômenos complexos de diferentes naturezas, mas que podem ser apreendidos de maneira simples e rápida com base em índices ou descrições sintéticas.

Em contraposição ao uso cada vez mais extenso de indicadores, surgem críticas que, na maior parte das vezes, apontam o caráter restritivo e reducionista da realidade que muitos deles apresentam e, portanto, de seu potencial como criadores de visões de mundo e expectativas estandardizadas. Um dos propósitos deste artigo é introduzir um pouco dessa discussão, sem, contudo, esgotá-la.

Por outra perspectiva, a formulação de indicadores também tem sido percebida como um exercício difícil e inacessível para grande parcela das pessoas envolvidas diretamente na execução de projetos, sob a crença de que é preciso dominar técnicas sofisticadas e capazes de dar conta da infinidade de dimensões contidas em qualquer intervenção que se faça em uma realidade específica. A experiência nesse campo mostra que essa crença não é verdadeira: mais do que o domínio técnico, a formulação de indicadores requer capacidade de reflexão para deslindar as intrincadas e nem sempre explícitas intenções contidas num projeto e abertura para superar resistências e preconceitos em relação ao uso dos indicadores. A assessoria ao desenho de sistemas de monitoramento e avaliação reitera a possibilidade de dispor de indicadores satisfatórios e de usá-los corriqueiramente, sem a necessidade

1. Lúcia Peixoto Calil atua há mais de vinte anos como consultora para processos de planejamento, desenho de sistemas de monitoramento e avaliação de projetos e na sistematização de experiências, com uma perspectiva de desenvolvimento de capacidades pessoais e institucionais. Atualmente é membro do Instituto Fonte para o Desenvolvimento Social.

de construção de sistemas complexos e onerosos. Este é o outro propósito deste artigo. Sem pretender apresentar-se como um manual, procura-se resenhar os principais momentos de um processo de formulação de indicadores e algumas circunstâncias que normalmente os cercam, ilustrando-as com exemplos extraídos de situações reais.

1. Possibilidades e limitações dos indicadores

Cotidianamente recorremos a diferentes indicadores para fundamentar ou ajustar nossas decisões. Quando, por exemplo, queremos saber se um medicamento está fazendo efeito contra a febre, podemos ler a temperatura do corpo num termômetro; nesse caso, a *temperatura* é o indicador de um *estado físico*. De forma análoga, quando vemos o céu escurecer repentinamente, sabemos que uma tempestade se aproxima; assim, a *cor do céu* se revela como um indicador de uma *mudança climática* em andamento. E, se queremos verificar se o valor de um bem ou serviço está sendo corrigido de maneira justa, recorremos a um índice de variação de preços. Esse *índice* nos informará o quanto o custo de vida se *alterou* num determinado período. Esses exemplos ilustram uma das propriedades dos indicadores: a de fornecer imagens ou parâmetros que permitem circunscrever o fenômeno a algumas de suas manifestações mais típicas ou fáceis de ser percebidas.

Se, por um lado, essa propriedade permite a comparação de situações díspares entre si, mas com algumas características em comum ou que podem ser enquadradas em umas poucas categorias histórica e socialmente definidas como universais, por outro, contribui largamente para a crença de que os processos sociais e as mudanças que neles ocorrem podem ser mensurados e comparados mecanicamente. Há, nessa crença, uma inequívoca transposição da métrica que rege a vida econômica de uma sociedade e que atribui significados às quantidades produzidas, consumidas ou faturadas; há também uma distorção do pensamento ocidental moderno de somente atribuir legitimidade àquilo que pode ser empiricamente observado, comprovado, e que, no âmbito dos projetos de intervenção, possa expressar uma clara relação de causalidade entre o que se fez (os recursos e estímulos disponibilizados através de ações concretas) e os efeitos gerados. Segundo essa compreensão, os números e todas as demais medidas quantitativas seriam entidades "objetivas" que falariam por si sós.

Os diversos índices que povoam os textos técnicos, as discussões em torno das políticas públicas e as conversas cotidianas respondem a essa função[2]; e, conquanto compartilhem do consenso de que são imperfeitos e limitados como descritores de determinada realidade, também são reconhecidos como ferramentas úteis para comunicar estados ou situações objetivamente observáveis em momentos pontuais ou intervalos de tempo delimitados, ou como balizas para avaliar o desempenho e o alcance de algumas intervenções de natureza macro. Contudo, são claramente insuficientes para permitir o acompanhamento de ações tópicas e localizadas, como costumam ser aquelas que se realizam no âmbito de projetos de pequeno e médio porte; e, quando isolados, tampouco se demonstram eficientes para auxiliar na gestão dessas intervenções ou mesmo como ferramentas de apoio à produção de aprendizagens assentadas na prática social. A literatura crítica (por exemplo: Passos, 2003; Taylor e Soal, 2003; e outras obras indicadas nas referências bibliográficas) nesse campo é relativamente extensa, e, entre as principais limitações apontadas em relação ao uso de indicadores, algumas ganham relevo:

- a tendência a reduzir fenômenos complexos às suas partes mais simples ou visíveis, muitas vezes apresentadas sob a forma de medidas quantitativas que pouco podem informar sobre a natureza do fenômeno, e menos ainda sobre o "como" e o "porque" de sua variação em uma intervenção concreta;
- o risco de querer controlar processos que por sua própria natureza são imprevisíveis e incertos e de congelá-los pela ótica e expectativas predefinidas;
- a dificuldade de traduzir mudanças de natureza intangível em linguagem compreensível para diferentes públicos e de atribuir significados às observações feitas.

É inegável a força dos números. A vida sem essas referências torna-se quase impossível. Muitos projetos sociais se preocupam com a ampliação da cobertura de serviços de educação, de saúde, de infraestrutura e de muitos outros. Esses são casos típicos de utilização de indicadores que, além de

2. Entre esses índices podem-se citar o IDH, os vários indexadores utilizados na economia para expressar a riqueza das nações ou o custo de vida, os indicadores que traduzem o nível e a qualidade da oferta de serviços públicos, entre vários outros de amplo uso.

simples números, expressam mudanças na qualidade de atendimento às necessidades básicas da população. Mas, como bem se salienta, "a análise da cobertura significa que quando nos enfrentamos com uma ação social em um contexto determinado, um grupo específico, precisamos fazer a relação entre este contexto ou grupo específico com o universo maior ao qual eles pertencem. É esta relação quantificada que interessa, porque a partir dela podemos ver a magnitude do problema e o impacto provocado em detalhe. É aí que analisamos nossa ação social e a redimensionamos" (Nelly Claux, em depoimento a Save the Children UK, 2008).

Mas se, por um lado os indicadores quantitativos podem ser úteis para dimensionar o impacto de uma intervenção – dimensionando, por exemplo, quantas pessoas foram beneficiadas por determinadas ações –, por outro, expressam muito pouco uma realidade social que é dinâmica e que, mesmo quando observada a partir de uma intervenção delimitada no tempo e no espaço, está em permanente mutação. Isso impõe a necessidade de interpretá-los à luz das circunstâncias que cercam a intervenção específica e dos processos mais amplos que influenciam os efeitos produzidos na realidade. E qualquer interpretação está sempre carregada da visão de mundo, bagagem intelectual ou ideológica de quem a faz.

O fenômeno social é completamente distinto de fenômenos de outra natureza; e um dos principais fatores que o diferencia reside em que tudo aquilo que pode ser apresentado como efeito – como um retrato feito em momento determinado – resulta de um processo permeado de aspectos intangíveis e imprevisíveis. Essa diferença fica mais clara quando comparamos ações voltadas a mudanças sociais com outras orientadas para o alcance de metas produtivas, ampliação da cobertura de serviços, ou obtenção de padrões de funcionamento considerados ideais. Intervenções como essas implicam mudanças cuja natureza material tende a se expressar adequadamente em termos quantitativos que atestam sua boa ou má *performance*. Ainda assim, a mera contabilidade física desses efeitos pode deixar de fora muitos outros aspectos tão ou mais importantes que o efeito em si, quais sejam as condições em que eles foram produzidos, o significado que assumem naquele contexto específico e outros fatores que asseguram sua perenidade no tempo.

Em projetos que têm como propósito desencadear mudanças de natureza intangível – tais como autoestima, ampliação da cidadania, participação, capacidade de vocalizar interesses etc. – ou recolher aprendizagens sobre os processos que conduzem a essas mudanças, as formas quantitativas se apresentam claramente limitadas. E essa limitação decorre principalmente de algumas circunstâncias. Uma delas é que os processos sociais não se circunscrevem a parâmetros previamente instituídos: são muito peculiares à maneira como cada processo se desenvolve, assim como são quase únicas as reações de cada grupo populacional e como ele se relaciona com os estímulos oferecidos e as situações criadas no âmbito da intervenção. Assim, aquilo que em determinada circunstância pode ser percebido como grande avanço, em outras pode não passar de um pequeno passo em direção a algo muito maior. Mesmo o IDH e outros índices similares são muito precários como expressão de uma realidade social, sendo mais úteis como pano de fundo para algumas análises comparativas de caráter macro.

A outra circunstância que limita a adoção de indicadores quantitativos para evidenciar mudanças imateriais diz respeito ao fato de que nenhuma intervenção dessa natureza se realiza sem uma intenção implícita ou explícita, que consciente ou inconscientemente acaba determinando o que se quer ver e mostrar com e através dos indicadores. Na sistematização do esforço realizado por integrantes da Plataforma Novib dá-se destaque ao fato de que os indicadores sempre se referem "... ao modo como um sujeito cria *instrumentos ou formas de selecionar aspectos* do processo de uma determinada realidade ou situação que lhe sejam significativos, para dizer algo sobre como ela é determinada e como e para onde se move, com a finalidade de entendê-la, explicá-la, intervir ou de dialogar com outros sujeitos sobre ela" (Passos, 2003, p. 52; grifo nosso).

Essa compreensão implica ter consciência das limitações inerentes aos indicadores como instrumentos de interpretação dos processos sociais. Estes, em sua essência, não comportam pontos de chegada preestabelecidos; na verdade, cada avanço ou conquista em uma direção desvenda um mundo de outras dimensões que requerem ser promovidas, desenvolvidas ou fortalecidas, num trabalho contínuo e permanente – ainda que, no âmbito de projetos, seja possível delimitá-lo temporalmente. Por essa razão, o uso do verbo "medir" pareceria ser bastante inadequado como referência semântica para inspirar a formulação de indicadores de processos de mudança social, pois este verbo subentende a preexistência de medidas universalmente aceitas, sendo mais apropriado utilizar os vocábulos "observar", "interpretar", "ler" para identificar os avanços e retrocessos que vão moldando as transformações na realidade em que se atua.

Não obstante essas limitações, o uso de indicadores para a avaliação de projetos sociais vem sendo cada vez mais demandado por aqueles que aportam os recursos de financiamento, normalmente mais preocupados com o alcance de sua contribuição, ou por iniciativa dos próprios executores, mais interessados em aprender com base em sua própria experiência e aprimorar sua prática. Essa razão, associada à singularidade das intervenções, recomenda a adoção de indicadores especificamente formulados por aqueles diretamente interessados, a fim de evitar a armadilha de indicadores burocráticos, que pouco contribuem para a gestão e o aperfeiçoamento das práticas.

Toda avaliação exige indicadores previamente formulados? A experiência diz que sim, que é desejável que as avaliações se apoiem em instrumentos que orientem o olhar e evidenciem algumas dimensões específicas, e que sem eles corre-se o risco de dispersar os esforços e a atenção para um sem-número de aspectos que pouco ou quase nada contribuem para a compreensão da intervenção feita. Assim, a definição de indicadores ajudaria a explicitar os aspectos que passaram por algum tipo de mudança a partir e/ou com a contribuição da intervenção.

Contudo, é frequente encontrar situações em que a intervenção não foi objeto de planejamento e, por essa razão, não dispõe de indicadores previamente formulados que sinalizem os aspectos que deveriam ser observados; ou, ao contrário, ela foi planejada, mas sua execução se distanciou dos elementos originalmente definidos, e, nesse caso, os eventuais indicadores existentes deixaram de ser adequados à nova realidade. Nesses casos, o recurso às perguntas avaliativas pode ajudar a explorar as dimensões de interesse na avaliação[3] e, com base nessa escolha, a proceder à formulação dos indicadores.

2. A construção de indicadores

A boa técnica de planejamento de projetos – e os manuais que tratam de difundi-la – é enfática na recomendação de que a formulação de indicadores faça parte da própria concepção da intervenção, e não algo que se realiza posteriormente. Implícita a essa recomendação está a ideia de que há

3. Perguntas avaliativas são aquelas que indagam sobre os aspectos que deverão ser observados. Ver a esse respeito Chianca (2001) e Worthen, Sanders e Fitzpatrick (2004), nos quais o sentido e os procedimentos envolvidos na formulação de perguntas avaliativas encontram-se bastante desenvolvidos.

uma lógica interna que articula os efeitos esperados com os meios definidos para demonstrá-los.

Não obstante isso, poucas são as equipes que dedicam tempo e energia criativa à construção de indicadores, e estes, quando acompanham os textos descritivos dos projetos, frequentemente tendem a expressar um nível de compreensão formal (e quase burocrática) de como serão evidenciados os efeitos esperados da intervenção, a privilegiar aspectos ou dimensões mais visíveis ou tangíveis que podem ser facilmente contabilizados ou medidos e a deixar de fora a observação de mudanças atitudinais, estados emocionais e outras condições intangíveis, mas imprescindíveis para a perenização dos benefícios produzidos. Prevalece, nesses casos, a percepção dos processos de monitoramento e avaliação de projetos como uma prática de natureza predominantemente técnica, que justificaria a atribuição da tarefa de formulação de indicadores a equipes especializadas que se constituem no interior da estrutura operacional dos projetos, apoiadas ou não por consultores externos.

Nos últimos anos, financiadores e organismos multilaterais de fomento ao desenvolvimento vêm estimulando a mudança desse paradigma e insistindo na adoção de processos participativos tanto para a concepção de projetos como para o acompanhamento e a avaliação dos efeitos gerados. Essa mudança de postura se associa com a compreensão de que o desenvolvimento não ocorre sem a criação de capital social, e que os processos de monitoramento e avaliação de projetos constituem uma oportunidade especial para produzir e ampliar habilidades diversas, recuperar e compartilhar aprendizagens com base na própria experiência, construir visões de futuro e fortalecer lideranças comprometidas. Esse amplo leque de possibilidades inclui o compartilhamento das decisões em relação ao que deve ser avaliado e a como fazê-lo e, portanto, à definição de indicadores. Na verdade, lições aprendidas no âmbito de projetos de desenvolvimento mostram que os indicadores alcançam seu potencial de uso quando são formulados e aplicados com a contribuição dos diferentes atores envolvidos no projeto e interessados na própria avaliação. Dessa maneira, o *primeiro passo* é a decisão de quais atores irão participar da formulação de indicadores.

Considerando que os elementos trazidos à tona pela avaliação devem fazer sentido para esses atores, é importante que os condutores dos processos avaliativos – aí incluídas sua concepção e implementação – detenham dois conjuntos de conhecimento e habilidades complementares: de um lado, domínio (pelo menos) dos rudimentos metodológicos e técnicos de pesquisa aplicada, uma vez que a validação das conclusões e descobertas feitas deve responder a critérios de consistência e coerência técnica; de outro, é importante que eles disponham de habilidades de facilitação para, justamente, ajudar os grupos-alvo da intervenção e tomadores de decisão a identificar os *propósitos* e os *focos* da avaliação e, por conseguinte, formular os indicadores, escolher os respectivos meios de obtenção das informações necessárias e interpretá-las com base em suas próprias perspectivas. A clara definição dos propósitos e focos da avaliação constitui, portanto, o *segundo passo* na formulação dos indicadores, e sua explicitação decorre da resposta a duas perguntas básicas: "Para que e por que se quer fazer a avaliação? Que dimensões ou aspectos devem ser privilegiados?".

Diversos podem ser os propósitos da avaliação e para cada um deles há um foco predominante, que condiciona, por sua vez, o tipo de indicadores a ser utilizado. Projetos formalmente concebidos – isto é, formulados com o apoio de métodos de planejamento – já indicam certa hierarquia de objetivos que ajuda na definição dos focos. Assim, se o propósito é verificar a eficiência da intervenção, o foco predominante tende a ser a comparação entre o previsto e o realizado, tanto em termos físicos como financeiros, e os indicadores estarão mais orientados a evidenciar o tipo, a sequência e a qualidade das atividades realizadas em face dos recursos disponibilizados e dos efeitos gerados. Se, contudo, interessa investigar a eficácia ou o alcance do projeto, o foco da avaliação se desloca para as mudanças produzidas (resultados e impactos) e as circunstâncias que as envolviam, e os indicadores precisarão dar conta de demonstrá-las.

O quadro 1 sintetiza de maneira muito esquemática a relação que existe entre a cadeia de objetivos de um projeto, os tipos de efeitos esperados, os propósitos da avaliação e o tipo de indicadores correspondentes.

Quadro 1

Propósito e foco da avaliação e o tipo de indicadores requeridos

Elementos estruturadores		Cadeia de objetivos e efeitos esperados		Propósito da avaliação		Tipo de indicadores
Objetivos gerais ou superiores	⇨	Impactos	⇨	Efetividade	⇨	De impacto
Objetivos específicos e metas	⇨	Resultados	⇨	Eficácia	⇨	De resultados
Atividades, recursos, tempo	⇨	Produtos	⇨	Eficiência	⇨	De produtos / gerenciais
Hipóteses, supostos, metodologia			⇨	Validação, aprendizagem	⇨	De processo e de contexto

Com frequência, os propósitos e, por conseguinte, os focos da avaliação são múltiplos: por exemplo, é preciso prestar conta aos financiadores, mas também se deseja aprender com a experiência, para assim aprimorar a prática ou dar destaque a situações e processos que mobilizem outros atores em seu enfrentamento. Todos e vários outros propósitos são passíveis de combinação, mas isso implica maior clareza sobre as dimensões que respondem a cada um desses propósitos.

Relato de caso I

Uma organização que atua na conservação ambiental deu início a um processo de avaliação contínua com o propósito de verificar a eficácia de suas estratégias de ação, a partir de dois focos distintos: os resultados imediatos e finais esperados e os impactos desejados, definindo indicadores específicos para cada um desses efeitos encadeados. O excerto de matriz apresentado no quadro da página seguinte ilustra alguns dos indicadores definidos para a seguinte estratégia: "integrar esforços para assegurar a conservação de áreas importantes para a biodiversidade".

Excerto de matriz para indicadores de conservação de áreas de biodiversidade

<table>
<tr><th>Resultado esperado</th><th>Indicador de resultado</th><th>Impacto esperado</th><th>Indicador de impacto</th></tr>
<tr><td rowspan="2">(Imediato)
Pessoas capacitadas para atuar no setor conservacionista.</td><td>Número e tipo de instituições que enviam pessoas para o curso de capacitação oferecido.</td><td rowspan="4">Todos os biomas do país têm áreas naturais protegidas e representativas de sua biodiversidade.</td><td rowspan="2">Percentual de redução do número e do tipo de ameaças identificadas como prioritárias no diagnóstico.</td></tr>
<tr><td>Número de pessoas que atuam em unidades de conservação capacitadas.</td></tr>
<tr><td rowspan="2">(Final)
Ampliada a eficácia das ações de conservação realizadas nas áreas focais.</td><td>Número de egressos que continuam atuando em unidades de conservação três anos após o término da capacitação.</td><td rowspan="2">Número e extensão de áreas protegidas por bioma, e grau de sua respectiva representatividade de acordo com os critérios definidos.</td></tr>
<tr><td>Número e tipo de ações de conservação realizadas nas áreas focais que atendem aos critérios de biodiversidade, tamanho, localização e conectividade estabelecidos para garantir eficácia e viabilidade, segundo os tipos de atores envolvidos.</td></tr>
</table>

Muitas organizações desejam demonstrar resultados e impactos de um projeto, mas definem indicadores relacionados com as atividades realizadas. Com frequência vemos formulações como "número de reuniões realizadas com os beneficiários" para demonstrar o quanto eles caminharam em direção ao maior entendimento do processo de formulação de políticas públicas, por exemplo. Contudo, o que se pode deduzir disso é que, embora as muitas reuniões feitas possam efetivamente ter contribuído para esse objetivo (maior entendimento do processo de formulação de políticas públicas), esse indicador atestará somente o esforço realizado pelo projeto, e não o resultado alcançado. Nesse caso, outras evidências seriam necessárias para demonstrar que aquele grupo de pessoas (os beneficiários da ação) está, de fato, mais apto a lidar com os meandros da proposição e promulgação dessas políticas, listando as possíveis evidências de que, por exemplo, esse grupo sabe formular uma proposta, sabe como encaminhá-la às instâncias corretas e também conhece os trâmites envolvidos em sua promulgação. Esse exemplo dá uma ilustração "dura" dessa questão, pois considera apenas a parte visível daquele processo (o grupo *sabe* como transitar em cada uma de suas etapas). Mas como estamos definindo esse "saber"? Essa indagação encerra outro tipo de esforço na compreensão da dimensão escolhida – algo que pode demandar muita discussão em torno da explicitação dos diferentes pontos de vista e do refinamento das posições em jogo.

Essa discussão conduz a outro tipo de questão, que, de fato, configura o *terceiro passo* na formulação de indicadores e que é a decisão sobre as informações que serão demandadas: o que de fato se quer observar em cada um dos aspectos ou dimensões previamente selecionadas? Se o objetivo é prestar contas a terceiros, por exemplo, uma breve lista das atividades realizadas e dos recursos financeiros consumidos pode ser suficiente, mas, se o que interessa é demonstrar a eficácia da intervenção, então será necessário incluir outras informações que atestem a adequação entre o esforço realizado e os efeitos gerados. Ou, ainda, se o propósito central é recolher aprendizagens, então a orientação será para garantir um conjunto de informações que relacionem os resultados observados com os processos e o contexto, além do próprio fluxo dessas informações entre as diferentes instâncias e atores interessados.

RELATO DE CASO II

A equipe de um programa orientado ao desenvolvimento do protagonismo de jovens residentes em uma área de periferia urbana estava em dúvida sobre o que definir como impacto (foco da avaliação): se a "contribuição do programa para a melhoria da qualidade de vida da comunidade" ou o "maior protagonismo dos jovens".

As discussões em torno dessa questão conduziram à escolha da segunda opção, uma vez que esta se apresentava como uma dimensão de observação mais próxima aos objetivos do programa e mais factível em contraposição à primeira, que envolvia fatores não contemplados em sua concepção.

Esse entendimento permitiu ainda identificar algumas das possíveis conexões entre as duas dimensões. Por exemplo, o programa se propunha a reestruturar a Unidade Básica de Saúde existente na região e sensibilizar seus funcionários para o atendimento das necessidades específicas dos jovens: informação sobre prevenção de doenças sexualmente transmissíveis e controle de natalidade, entre outras.

Nesse caso, eleger o jovem como unidade de análise do foco da avaliação significava fazer um recorte do campo de observação (que poderia ser o impacto da reestruturação da UBS na qualidade de vida da população em geral) e verificar em que medida uma das condições detectadas para o desenvolvimento dos jovens (por exemplo, educação para a saúde) estava contribuindo para o objetivo de fortalecer seu papel no interior da comunidade. Os indicadores formulados foram:

- *percentual de jovens residentes na comunidade atendidos anualmente na UBS em relação ao total de pessoas da faixa de 14 a 24 anos da comunidade;*
- *evolução anual do número de jovens que procuram a UBS e obtêm acesso a informações e métodos contraceptivos.*

Do ponto de vista operacional, essa discussão conduz ao *quarto passo*, que é a decisão do grau de precisão requerido para as informações, fontes e meios para obtê-las. Normalmente há uma tensão permanente entre a expectativa de informações precisas e as possibilidades efetivas de obtê-las: de um lado, informações de alta qualidade e confiabilidade são desejadas, mas, de outro, raramente os recursos – até mesmo o tempo – necessários estão disponíveis para processos de coleta e análise muito complexos e demorados. Adicionalmente tem-se também que considerar quem são os atores envolvidos no processo e o uso que se dará às informações produzidas. Todos esses fatores influenciam as decisões relacionadas com o tipo e a qualidade das informações e, portanto, com a própria definição de que tipo de indicadores convém adotar: quantitativos ou qualitativos, diretos ou indiretos?

Os exemplos anteriores sugerem não existir muita dificuldade de aceitação de indicadores quantitativos para registrar efeitos facilmente mensuráveis. Também as mudanças imateriais podem ser observadas dessa maneira: no caso do projeto que visava o fortalecimento do protagonismo juvenil, o atendimento da UBS às necessidades específicas dos jovens pode ser visto como uma manifestação da mudança de percepção sobre o papel deles na vida comunitária – portanto, uma mudança qualitativa, expressa em números. De fato, não há uma regra fixa; o bom senso deve prevalecer nessa decisão, condicionando as escolhas às reais condições disponíveis para efetuar a coleta, o processamento e a interpretação de informações além, é óbvio, dos focos da avaliação.

Os indicadores qualitativos dizem respeito a situações ou estados não facilmente mensuráveis, mas ainda assim perceptíveis. Ninguém duvida da influência que a autoestima exerce sobre o desenvolvimento pessoal; contudo, nem sempre é fácil detectar sua variação. Nesse caso, alguns recursos ajudam. O primeiro deles, muito utilizado, é o uso de formas indiretas para evidenciar os fenômenos que estão sendo observados. É o que ocorre em muitas pesquisas socioeconômicas que adotam a lista de eletrodomésticos disponíveis numa unidade residencial para estratificar a renda da população.

Relato de caso III

Uma organização que atua na prevenção à Aids e no acompanhamento de pessoas de baixa renda portadoras do vírus HIV definiu a "adesão à terapia antirretroviral" *como um indicador indireto de autoestima, compreendendo que a complexidade desse tratamento requer grande força de vontade e desejo de viver da pessoa.*

Assim, o engajamento no ritual imposto por essa terapia permitiria inferir uma mudança positiva no estado de ânimo das pessoas que optaram por ela.

Outro recurso consiste na construção de critérios ou na simulação de situações que permitam descrever (pelo menos alguns) elementos que, no contexto específico da intervenção, façam sentido para o fenômeno que está sendo observado. Aqui estamos falando das escalas – nas quais cada intervalo expressa uma situação determinada e diferente em alguns ou todos os elementos contidos nos intervalos contíguos, descrita de acordo com critérios previamente escolhidos – e dos gradientes, que pressupõem estágios distintos em um mesmo processo de mudança.

O tipo de indicador escolhido – quantitativo ou qualitativo – condiciona o tipo de medida a ser utilizado, dando sequência às decisões inerentes à formulação de indicadores – e esse é outro passo (o *quinto*) importante nessa construção. A verificação de indicadores pode ser feita com base em um dado, uma estimativa, uma opinião, um depoimento ou testemunho, ou em qualquer outra forma que permita aferir mudanças no fenômeno estudado[4], e sua escolha, além de se correlacionar com a natureza do fenômeno, também está condicionada à facilidade de obtenção das informações desejadas e ao grau de precisão requerido.

Dados e estimativas se referem predominantemente a medidas quantitativas, mas é frequente sua utilização em observações qualitativas, que podem ser traduzidas em números. Pesquisas de opinião para o lançamento de novos produtos, ou mesmo as já citadas pesquisas de intenção de votos, se valem desse recurso, traduzindo e estratificando preferências (uma dimensão eminentemente subjetiva). A diferença entre ambos está no grau de precisão que apresentam: enquanto um dado pressupõe a possibilidade de ser comprovado (podem-se contar as unidades totalizadas), as estimativas encerram diferentes graus de representatividade e confiabilidade estatísticas.

As opiniões, depoimentos e testemunhos são declarações baseadas numa interpretação que se faz de algum fato e que envolvem julgamento de valor, como: "Eu penso / eu acho que a comunidade está mais organizada agora, porque redigiu um documento reivindicando melhorias no atendimento à saúde". Esse exemplo mostra que com base em uma evidência – a elaboração do documento reivindicativo – foi feita uma inferência sobre o nível de organização da comunidade, algo que pode ser verdadeiro naquele contexto específico, mas que, de toda maneira, também pode

4. Fotografias, vídeos e mapas que registram a situação em momentos diferentes – antes e depois da intervenção, por exemplo – são recursos visuais bastante úteis.

expressar um julgamento em relação ao que se percebe como sendo nível de organização da comunidade.

Os depoimentos e testemunhos, por sua vez, encerram declarações descritivas ou relatam fatos presenciados pelo narrador e, por si sós, não envolvem julgamento de valor. Por exemplo: "Vinte associados participaram da assembleia geral", ou: "Era madrugada quando ouvi o ruído de caminhões passando. Corri à janela e vi que eles estavam carregados de madeira. Era a terceira ou quarta vez que aquilo acontecia na mesma semana". Para interpretar essas declarações será preciso saber, no primeiro caso, quantos eram os associados, quem eram os que participaram da assembleia, o papel que cumprem na associação e, talvez, muitas outras coisas, para atribuir significado àquela informação. No segundo caso, também será necessário ter outras informações de contexto, para poder atribuir algum significado ao testemunho.

Opiniões, depoimentos e testemunhos são tipos de medida que tendem a gerar controvérsias, pois sempre envolvem algum grau de subjetividade. Apesar disso, a subjetividade de apenas um informante pode ser neutralizada por algumas técnicas simples, entre as quais a técnica da triangulação ganha destaque, quando pelo menos três pessoas se manifestam sobre o mesmo assunto. Alguns cuidados também ajudam a aumentar a confiabilidade das informações fornecidas através de opinião, depoimentos e testemunhos. O mais elementar deles diz respeito ao prévio conhecimento de quem são essas pessoas, que papel elas desempenham ou que interesses têm na situação em pauta, evitando que as análises posteriores fiquem distorcidas por visões muito particulares. Outro cuidado muito recorrente é o de estabelecer escalas que permitam relacionar as declarações obtidas com situações previamente previstas, ou gradientes, a fim de se verificar sua concentração ou dispersão nos intervalos estabelecidos.

Relato de caso IV

Um projeto de desenvolvimento agrícola tinha entre seus objetivos a constituição e o apoio técnico e financeiro a grupos de agricultores para a gestão de pequenas unidades de beneficiamento e processamento dos produtos colhidos em suas propriedades. Enquanto para o financiador desse projeto interessava saber quantos daqueles grupos criados ainda estariam em funcionamento três anos após a conclusão do projeto, para a equipe era também relevante conhecer as condições que regiam esse funcionamento.

Para esse efeito, foram definidos os seguintes indicadores: "percentual dos grupos criados que estão em funcionamento três anos após a conclusão do projeto" e "qualidade das práticas técnicas, gerenciais e organizacionais dos grupos em funcionamento". Enquanto o primeiro indicador requeria apenas a verificação daqueles grupos ainda ativos – uma contabilidade relativamente simples –, o segundo demandava a definição de alguns critérios que pudessem atestar a qualidade do funcionamento. Chegou-se, então, a uma escala com três intervalos, assim definida:

Qualidade das práticas técnicas, gerenciais e organizacionais

Muito satisfatória	Medianamente satisfatória	Insatisfatória
Os dirigentes conhecem as normas estabelecidas coletivamente para o funcionamento do grupo (processos de tomada de decisão, ingresso / desligamento de integrantes, direitos e deveres dos integrantes) e adotam procedimentos técnicos e gerenciais corretos para a gestão autônoma de seus processos internos. O grupo apresenta claro potencial de sustentabilidade.	Os dirigentes demonstram conhecer as normas estabelecidas coletivamente para o funcionamento do grupo, mas nem sempre as observam e/ou a gestão dos processos internos nem sempre segue procedimentos tecnicamente corretos. O grupo requer reforço em um ou em vários desses aspectos para se viabilizar de maneira sustentável.	Os dirigentes desconhecem as normas estabelecidas coletivamente para o funcionamento do grupo e/ou os procedimentos técnicos e gerenciais corretos, e frequentemente cometem erros graves. O grupo não apresenta sinais de poder seguir existindo sem um intenso reforço de suas capacidades técnicas, gerenciais e organizacionais.

É óbvio que a descrição de cada um desses intervalos ainda contém termos e conceitos que mereceriam ser explicitados, tais como "potencial de sustentabilidade", "procedimentos tecnicamente corretos" etc. Apesar disso, a mera descrição do que se entende como diferentes padrões de qualidade já representa um avanço no entendimento desse fenômeno.

Relato de caso V

A avaliação das práticas de uma organização estabeleceu, entre várias outras dimensões de análise, a qualidade de seus programas. Muitos dos indicadores foram formulados em gradiente, tal como o mostrado abaixo.

Gradiente de participação

Nossos projetos são formulados com a participação de todos os públicos interessados				
Nunca	Raramente	Às vezes	Frequentemente	Sempre

Considerando que os projetos sociais visam muitas vezes mudanças de natureza intangível, que, embora sejam desejáveis, nem sempre são previsíveis em sua totalidade, é importante que os formuladores e aqueles que se utilizam dos indicadores se mantenham abertos e sensíveis para captar manifestações não previstas ou difíceis de ser antecipadas. Essa postura é ainda mais importante quando se trata de processos que se propõem ao desenvolvimento de pessoas, pois qualquer parecer que diminua ou desvalorize os esforços feitos por elas pode ser contraprodutivo, atuando como rótulos que imobilizam ou travam o desenvolvimento desejado.

Também vale ressaltar que não existem indicadores perfeitos. Por isso, alguns cuidados são requeridos em sua formulação. Sem eles, sua utilidade pode ser até mesmo inviabilizada. O quadro 2 (veja na próxima página) sintetiza algumas circunstâncias recorrentes na formulação de indicadores e os riscos que elas acarretam.

Quadro 2
Circunstâncias recorrentes na formulação de indicadores e riscos

Circunstâncias		Riscos
O indicador é quantitativo e sua aferição exige levantamentos metodológicos e operacionais complexos.	⇨	Os custos de obtenção e análise da informação coletada serão onerados.
O indicador é quantitativo e as fontes de informação não são confiáveis.	⇨	A interpretação dos dados poderá conter equívocos graves.
O indicador é qualitativo e exige ser aferido por pessoa com habilidades desenvolvidas para fazer observações aguçadas, entrevistas abertas, grupos focais ou outras modalidades de conversa individual ou em grupo e analisar as informações recolhidas.	⇨	Dificuldade de interpretar o que se observa e de atribuir significados ao que se observa.
O indicador revela uma parte pouco significativa do fenômeno observado.	⇨	Baixa significância das análises efetuadas.
O indicador é qualitativo e os informantes estão muito impregnados de subjetividade ou muito comprometidos com interesses específicos.	⇨	Alta probabilidade de viés interpretativo.
Excesso de indicadores para aferir um mesmo fenômeno.	⇨	Custos financeiros e operacionais de aplicação onerados e sem correspondentes ganhos na compreensão do fenômeno.

Após a conclusão da etapa de decisão sobre o grau de precisão e o tipo de indicador a ser adotado, surge um *sexto passo*, que corresponde à escolha das fontes e dos procedimentos metodológicos e técnicos que serão empregados para recolher a informação por eles demandados. Se no passo anterior a real capacidade de realizar levantamentos de campo já se insinuava como uma possível limitante, neste as restrições orçamentárias bem como o tempo disponível jogam papel decisivo e pode acontecer, então, a necessidade de se rever as definições anteriores. Esse movimento de avançar e retroceder é parte do processo de construção de indicadores e não há porque temer a eventual substituição de alguns que exigiam pesquisas de campo onerosas ou demoradas por outros de aplicação mais viável. Assim, por exemplo, é possível abrir mão de muitas entrevistas e optar por um grupo focal, ou de pesquisas de campo, e utilizar os dados disponíveis pela própria equipe executora do projeto. Mais uma vez, o bom senso deve ser o fiel da balança e fundamentar as decisões.

3. Os usos mais frequentes dos indicadores

Na cultura organizacional os indicadores são ainda predominantemente percebidos como um auxílio para a prestação de contas sobre o alcance dos resultados e o uso dos recursos aportados a um projeto, e, embora venha sendo cada vez mais difundida, essa prática ainda causa muito desconforto, na medida em que responde mais a interesses que surgem de fora para dentro, pouco considerando a própria cultura organizacional.

Contudo, conforme pontua Passos, os indicadores extrapolam sua finalidade como instrumentos exclusivos de avaliação, assumindo o papel de linguagem comum que permite o diálogo e expressa sentido, significado e utilidade próprios para quem os define e aplica e permitindo a interpretação da realidade com base no que está sendo revelado. Essas propriedades fazem com que sejam múltiplos os usos possíveis de indicadores – e aqui serão expostos apenas os mais frequentes.

Indicadores para a gestão

Essa forma de utilização de indicadores está muito associada ao processo de tomada de decisões no decorrer da execução de um projeto ou em alguns momentos específicos de sua trajetória, tais como as avaliações intermediárias ou posteriores à sua conclusão. Gestores de projetos e financiadores atribuem especial importância a essa utilização de indicadores, pois lhes interessa saber se os projetos foram (ou estão sendo) executados dentro dos termos acordados e se os recursos aportados foram bem dimensionados e (estão sendo ou foram) adequadamente utilizados.

Via de regra essa modalidade de uso está atrelada a processos formais de planejamento, monitoramento e avaliação, quando, durante a própria etapa de concepção do projeto, os indicadores são definidos em estreita associação com a cadeia de efeitos que se espera provocar: desde aqueles de natureza mais imediata (frequentemente denominados produtos e diretamente relacionados com as atividades executadas) até aqueles que requerem maior tempo de maturação para se manifestarem (e que na linguagem formal do planejamento correspondem às metas e aos objetivos específicos e gerais ou superiores). Dessa maneira, torna-se possível cotejar aquilo que se previa com o que foi efetivamente realizado ou alcançado e, a partir disso, tomar as decisões cabíveis: ajustar o ritmo de execução do projeto, redesenhar atividades, alocar recursos de maneira diferente ou mesmo validar ou não as estratégias de intervenção empregadas.

Relato de caso VI

Um programa tinha como objetivo central fortalecer a capacidade empreendedora de mulheres de baixa renda, adotando como estratégia a oferta de crédito e assistência gerencial, e, embora privilegiasse as mulheres como público-alvo, não negava o acesso de homens aos benefícios oferecidos.

Após alguns anos de funcionamento, a direção do programa decidiu realizar uma avaliação e, entre as decisões tomadas, constava a de estratificar a clientela em três faixas de tempo de permanência no programa: 1 a menos de 6 meses completos; mais de 6 a 12 meses incompletos; e mais de 12 meses. Para esse efeito, aplicou uma pesquisa a todos os clientes de sua carteira ativa, na qual foram registradas as informações relacionadas com os efeitos do programa nos gastos familiares e no investimento na atividade, além de outros relacionados com a expansão dos negócios.

Uma primeira versão do relatório de avaliação apresentava resultados muito positivos em todas as variáveis consideradas e nas três faixas de tempo adotadas. Contudo, esses dados não diferenciavam o desempenho por sexo. Uma segunda versão do relatório mostrou que a introdução desta última variável mudava completamente as conclusões da avaliação, evidenciando que a curva de desempenho das mulheres era bastante diferente daquela apresentada pelos homens, tanto no ritmo e intensidade de crescimento de suas atividades econômicas quanto ao longo do tempo de vinculação ao programa.

Essa constatação punha em xeque o objetivo central do programa, pois, em suma, todos os benefícios disponibilizados estavam sendo mais bem aproveitados pelos clientes homens do que pelas clientes mulheres.

Explorações posteriores ajudaram a entender que o comportamento diferenciado da curva de desempenho das mulheres e homens clientes estava associado a fatores de ordem cultural que não haviam sido contemplados na concepção do programa e permitiram redesenhá-lo de tal maneira que efetivamente contribuísse para o fortalecimento da capacidade empreendedora de mulheres.

Indicadores para a comunicação

As campanhas eleitorais são pródigas nessa forma de utilização de indicadores. Com base em sondagens e pesquisas de opinião, elas sinalizam a evolução das preferências de votos dos eleitores e subsidiam decisões da campanha, além de influenciar indecisos. Talvez esse seja um exemplo muito presente em nosso cotidiano e, quase como uma caricatura, mostra o poder de comunicação dos indicadores. Não é por outra razão que índices de concepção tão complexa, como o IDH e muitos dos que registram o custo de vida e regulam a atualização de contratos de toda espécie, se tornaram tão amplamente conhecidos.

Passos (2003, p. 52) comenta que "... os indicadores não têm significado, sentido, ou quaisquer atributos intrínsecos, neles mesmos, [mas] apenas quando situados nas relações e práticas sociais que os determinam, explicam e para cujos sujeitos adquirem significado, sentido e utilidade. Quando se trata da interação entre vários sujeitos, sejam indivíduos ou organizações, os indicadores são parte e expressão de um processo comunicativo...". Esse mesmo autor assinala ainda, neste último caso, sua utilização como "instrumentos de orientação de discursos e interpretações concretas em torno de temas, situações, políticas públicas e atores" (ibidem).

No sentido aqui apontado, os indicadores consistiriam em um tipo de recurso intelectual acionado para captar aspectos de uma realidade complexa e difícil de ser apreendida em sua totalidade, recortando-a em partes inteligíveis e contribuindo para a construção de um novo modo de ver o mundo (ou de novas lentes para vê-lo). Um indicador bem formulado tem enorme potencial de comunicação, dizendo coisas importantes para as pessoas que estão envolvidas no projeto, que têm algum interesse nele ou, ainda, podem ser por ele afetadas de alguma maneira.

Relato de caso VII

Uma vez eu estava ajudando a equipe de um órgão municipal de saneamento a formular indicadores que iriam integrar um sistema de monitoramento e avaliação de um programa de educação ambiental que incluía entre seus componentes um projeto de educação ambiental. Um dos objetivos desse projeto era a despoluição de uma lagoa, percebida pela direção do órgão como uma das principais bandeiras de sua gestão.

Devido a essa circunstância, os indicadores deveriam ter a dupla capacidade de mostrar tecnicamente que essa meta havia sido atingida – e para isso deviam estar fundamentados em uma série de medidas científicas atestadoras da qualidade da água –, e no fato de ser usados na comunicação social com a população. Para esse efeito foi proposto um indicador que tinha uma redação mais ou menos assim: "Possibilidade de se pescar novamente na lagoa*"*.

É óbvio que muitas condições eram necessárias para que os peixes voltassem a povoar a lagoa, para que pudessem ser pescados e consumidos como alimento. Mas todas essas condições não precisavam ser ditas de maneira "científica". Do ponto de vista da comunicação, era mais significativo usar linguagem coloquial para expressar o efeito positivo da intervenção.

Indicadores para a mobilização social

Organizações sociais que buscam influenciar a formulação de políticas públicas vêm desenvolvendo habilidades especiais na formulação e acompanhamento de indicadores capazes de atrair a atenção e mobilizar o engajamento da população em suas causas. Muito do esforço realizado em torno da construção de indicadores que expressam a desigualdade social ou os níveis de exclusão de determinados segmentos sociais contém essa intenção, despertando corações e mentes para situações de iniquidades quase insuportáveis. Muitas vezes descritos sob a forma de números e medidas estatísticas, esses indicadores atuam como linguagem comum e acessível, que permite comparar situações díspares entre si ou confrontá-las com outras referências social e historicamente desejáveis.

Relato de caso VIII

Os observatórios sociais são uma iniciativa da sociedade civil orientada para mobilizar e comprometer diversos setores em torno de uma agenda comum e de um conjunto de metas e ações voltadas para a justiça e a sustentabilidade da vida urbana. Todas as estratégias de mobilização social estão fortemente apoiadas na construção e no monitoramento de indicadores de qualidade de vida, relacionados com diversos serviços públicos e situações do cotidiano das cidades sob a responsabilidade do setor público governamental. Em muitas cidades brasileiras, os observatórios sociais atuam em estreita cooperação com movimentos locais que visam despertar sentimentos e atitudes de solidariedade, de cuidado com a cidade e de responsabilidade social, e que utilizam os retratos pintados pelos indicadores como mote para suas campanhas de sensibilização da população e mudança de atitude frente à cidade e às gestões locais.

A campanha "Banda larga é um direito seu" é liderada pelo Instituto Brasileiro de Defesa do Consumidor (Idec) e outras setenta instituições brasileiras e visa baratear a conexão rápida de internet e torná-la acessível a todos. Para promover a campanha e, sobretudo, mobilizar a adesão da população, em abril de 2011 foi feita uma pesquisa numa amostra de 388 usuários da banda larga, e os dados colhidos foram sintetizados em vários indicadores que atestam as deficiências desse serviço: sua constância, correspondência entre a velocidade contratada e a efetivamente disponibilizada, legitimidade das cobranças feitas pelos provedores, satisfação com os serviços de atendimento ao consumidor, entre outras dimensões.

Parece óbvio que o mesmo poder que os indicadores têm de criar "fatos sociais", como assinala Telles (2003), e de mobilizar a população em torno deles também se aplica para o mascaramento de situações e a desmobilização popular. Nesse sentido, temos ainda muito presentes em nossa memória as manipulações oficiais que foram feitas na década de 1980 com os índices de inflação e que afetaram dramaticamente o reajuste de salários, a rentabilidade das cadernetas de poupança e outros ativos econômicos e financeiros. Os efeitos deletérios dessa forma de utilização dos indicadores econômicos só puderam começar a ser revertidos quase vinte anos mais tarde, quando uma nova consciência de direitos já se encontrava bastante amadurecida no seio da sociedade.

Indicadores para a aprendizagem

Um dos potenciais mais fortes dos indicadores – e ainda pouco explorado pelas organizações sociais – reside em sua capacidade de produzir conhecimento novo a partir da própria experiência e enriquecer a prática institucional com essas aprendizagens. Isso é ainda mais verdadeiro quando se trata de intervenções que visam a ou dependem de mudanças de condições tão intangíveis como são as que cercam os processos sociais, e quando os processos de formulação e aplicação dos indicadores e análise das informações geradas são participativos e envolvem os diferentes atores interessados na intervenção. A observação feita ao longo de muitos anos de assessoria ao desenho de sistemas de monitoramento e avaliação permite concluir que essas aprendizagens começam no momento mesmo da formulação dos indicadores. É que, mais que um exercício formal, essa etapa configura um momento privilegiado para o restabelecimento de acordos em relação ao que os atores envolvidos consideram importante ser observado na intervenção específica, explicitando seus pontos de vista, identificando suas divergências, construindo consensos e definindo as responsabilidades, meios e procedimentos que serão adotados na coleta e análise das informações necessárias para mostrar os diversos efeitos da intervenção.

Relato de caso IX

Um programa tinha como objetivo geral sensibilizar jovens para a atuação transformadora e, como uma das principais linhas de ação, a realização de uma sequência de seminários que incluía diferentes atividades voltadas a apoiar os participantes em seu processo de autodesenvolvimento. Uma das preocupações da equipe executora se relacionava com a demonstração das mudanças ocorridas com os jovens – algo muito perceptível caso a caso, mas muito difícil de ser sintetizado no global e mais difícil ainda de ser descrito para financiadores e outros públicos.

Deu-se início então a um intenso esforço de tradução de alguns poucos conceitos em indicadores que pudessem auxiliar na observação do processo que transcorria tanto no nível pessoal de cada participante como no âmbito do conjunto de pessoas agregadas em cada uma das edições realizadas e, ao mesmo tempo, que pudessem ser utilizados como referências para a captação de recursos e atividades de divulgação do programa entre o público-alvo.

O caminho percorrido envolveu muita consulta a textos teóricos e a especialistas, muita discussão para alinhamento de entendimentos e muitas versões de indicadores, até que esses fossem considerados adequados para os fins desejados. Mas, para a equipe, essa experiência representou uma espécie de divisor de águas na compreensão do programa e da própria missão institucional, resultando maior integração entre ambos e maior consistência entre o discurso e a prática.

Um segundo e igualmente rico conjunto de aprendizagens decorre da utilização dos indicadores como linguagem comum, inteligível e significante para o conjunto dos atores envolvidos e, portanto, facilitadora das comunicações entre eles. Pela perspectiva da produção de aprendizagens, essa possibilidade é ainda mais relevante na medida em que, em nosso cotidiano, lidamos com uma multiplicidade de ideias e conceitos (como parceria, inclusão, participação, empoderamento, sustentabilidade, democracia, protagonismo etc., para mencionar apenas alguns deles) que, além de estarem muito banalizados, assumem significados distintos conforme sejam o contexto, o momento, os atores ou várias outras circunstâncias presentes na implementação do projeto. Nesse sentido, a formulação dos indicadores ajuda a explicitar o tipo de mudança que se espera observar.

Por exemplo: o que poderia ser estabelecido como dimensões a ser observadas numa situação em que se deseja a inclusão social de determinado segmento da população? A resposta a essa pergunta forçosamente leva à reflexão sobre a situação atual vivenciada por esse grupo, identificando valores, crenças, práticas, carência ou exercício de direitos, ou outros fatores, circunstâncias ou condições que se consideram essenciais ver modificadas. Essa reflexão conduz a um novo patamar de compreensão da realidade desse grupo, naquele contexto específico, e, também, à formulação de novas perguntas, que podem orientar a avaliação.

Relato de caso X

Um projeto tinha como foco desenvolver a autoestima de meninas de rua em situação de gravidez precoce e, para isso, definiu indicadores para acompanhar o processo vivenciado por elas, ao longo de um período mais ou menos correspondente ao da gravidez delas.

Esses indicadores foram formulados como gradientes que descreviam diferentes momentos do processo de mudança da autopercepção que elas tinham do estado delas e do posicionamento diante do iminente surgimento de uma criança na vida delas.

Os estágios desses gradientes incluíam desde a reação da menina ao primeiro contato com os educadores de rua até a decisão dela de buscar trabalho e fontes de renda mais seguras e estáveis para viabilizar a criação do filho, passando, por exemplo, pelo interesse de participar do programa educativo, realizar o pré-natal, preparar o enxoval do bebê e várias outras situações que, quando analisadas longitudinalmente, permitiam identificar a progressão na elevação da autoestima dessas meninas e, também, demonstrar a eficácia da estratégia adotada.

Há, ainda, um terceiro grupo de aprendizagens produzidas em processos de formulação de indicadores que merece destaque e que se relaciona com os meios definidos para coletar e analisar as informações demandadas. É que, nessas etapas, os envolvidos conseguem superar suas próprias limitações no campo da formação teórica ou da prática de análise de dados e vencer os temores em relação aos procedimentos formais que orientam a pesquisa aplicada, tornando-se capazes de produzir conhecimento novo e significativo para suas necessidades de informação e ação. Essa possibilidade se torna ainda mais relevante quando o uso de indicadores – sua formulação, aplicação e análise das informações geradas – envolve atores com baixa escolaridade ou pouca experiência em pesquisa e análise.

Relato de caso XI

Um projeto voltado para o desenvolvimento do protagonismo juvenil incluiu entre suas atividades a realização de uma ampla pesquisa de caracterização socioeconômica e cultural de um bairro da periferia de São Paulo, com o duplo propósito de conhecer melhor a área e formar jovens pesquisadores capazes de olhar para a sua comunidade, fazer perguntas e produzir conhecimento local.

Dez jovens moradores da área e de idades entre 16 e 20 anos participaram de uma série de oficinas organizadas para desenvolver sua sensibilidade, capacidade de observação e as habilidades requeridas para a formulação e aplicação de questionários, processamento e análise das informações recolhidas, incluindo a elaboração de indicadores.

Os depoimentos prestados por esses jovens tanto em relação às "descobertas" que fizeram da realidade das pessoas e da vida que transcorria naquele bairro como de seu próprio desenvolvimento como observadores da vida local reafirmam o potencial que uma iniciativa como essa tem de gerar aprendizagens novas e significativas para o trabalho de fortalecimento do protagonismo juvenil.

Um dos desdobramentos dessa pesquisa resultou na criação de um observatório social onde as situações mais graves que haviam sido detectadas foram traduzidas em indicadores, que passaram a ser rotineiramente acompanhados.

Parece óbvio que essa circunstância impõe o desafio de equilibrar a exigência em relação à qualidade da informação que está sendo gerada com as condições reais disponíveis, para garantir a participação ativa desses atores, e não a sua exclusão. Há, para isso, muitas metodologias participativas – rodas de conversa, grupos focais, pesquisa participante, entre outras – que favorecem o desenvolvimento da capacidade de observação e de interpretação de pessoas pouco familiarizadas com processos de pesquisa e que despertam nelas o prazer de aprender e de compartilhar aprendizagens.

4. À GUISA DE CONCLUSÕES

Indicadores são instrumentos necessários e úteis para a avaliação de projetos sociais. Contudo, são mais valiosos quando respondem aos interesses de apropriação de informação que grupos compostos por diferentes atores manifestam e quando consideram a natureza dos processos sociais e as condições específicas que envolvem os projetos que almejam provocar mudanças nesse campo.

Os indicadores podem ser usados para muitas finalidades diferentes e complementares, mas os propósitos e os focos da avaliação precisam estar claramente definidos, para orientar a definição do que se quer ver e de como isso poderá ser evidenciado.

Não há indicadores perfeitos. Os quantitativos, conquanto sejam mais fáceis de formular e aplicar, tendem a não expressar as nuances de um processo de mudança social, restringido ou não sendo capazes de mostrar algumas de suas dimensões mais importantes. Por sua parte, os qualitativos requerem maior esforço no sentido de explicitar estados ou situações que possam evidenciar as mudanças observadas e o recurso a formas criativas de obtenção das informações requeridas. Devido a essas características, a combinação de diferentes tipos de indicadores e variados tipos de medida pareceria ser a melhor opção para processos avaliativos que ambicionam a compreensão das mudanças observadas e a produção de conhecimento novo. Nesse sentido, o exercício de construção de indicadores constitui por si só uma oportunidade singular de aprendizado sobre a experiência de intervenção, assim também sobre sua gestão.

Poucos e bem focalizados indicadores são mais eloquentes que uma enorme lista, consumidora de tempo, recursos financeiros e energia, e sem ganhos substantivos correspondentes.

REFERÊNCIAS BIBLIOGRÁFICAS

CALIL, L. P. "Monitoramento e avaliação de projetos: uma ferramenta para a aprendizagem e a gestão democrática de projetos sociais". I Encontro Ibero-Americano sobre Inclusão Social de Pessoas com Deficiência e I Seminário Internacional de Inclusão Social. Avape/Glarp Brasil. São Paulo, dezembro de 2004. Mimeo.

CHIANCA, T.; MARINO, E.; e SCHIESARI, L. *Desenvolvendo a cultura de avaliação em organizações da sociedade civil*. São Paulo: Global, 2001. Coleção Gestão e Sustentabilidade.

PASSOS, C. A. K. (org.). *Indicadores, ONGs e cidadania: contribuições sociopolíticas e metodológicas*. Curitiba: GT Indicadores, Plataforma Novib, 2003.

PROJETO CASULO. *A real do parque: uma pesquisa participante*. São Paulo, s. d.

ROTONDO, E. *Monitoring and evaluation systems: approaches, development, steps and success factors*. Lima: Preval/Desco, s. d. Disponível em <http://preval.org/files/3002.pdf>.

SAVE THE CHILDREN UK. Registro da oficina "Produzir e demonstrar resultados". São Paulo, 14 e 15 de fevereiro de 2008.

TAYLOR, J.; e SOAL, S. "Mesasurement in desvelopmental practice: from the mundane to the transformational". Cidade do Cabo: Community Development Resource Association, março, 2003.

TELLES, V. "Indicadores sociais entre a objetividade e subjetividade", in: PASSOS, C. A. K. (org.). *Indicadores, ONGs e cidadania: contribuições sociopolíticas e metodológicas*. Curitiba: GT Indicadores, Plataforma Novib, 2003, p. 58.

WORTHEN, B. R.; SANDERS, J. R.; e FITZPATRICK, J. L. *Avaliação de programas – Concepções e práticas*. Trad. Dinah de Abreu Azevedo. São Paulo: Gente, 2004.

WWF. *Monitoramento e avaliação de projetos de conservação e desenvolvimento sustentável: sistematização de uma experiência – Programa-Piloto de Monitoramento e Avaliação*. São Paulo: WWF, 2000. Consultores: Eduardo Ehlers e Lúcia Peixoto Calil.

4

CONSULTA PARTICIPATIVA DE OPINIÃO: O PASSO A PASSO DA COLETA DE INFORMAÇÕES NUMA PERSPECTIVA PARTICIPATIVA

Ana Lúcia Lima[1]

O investimento social privado no Brasil vem passando, nos últimos anos, por uma série de mudanças que refletem o amadurecimento do setor e evidenciam algumas características que lhe são peculiares. Entre essas tendências, uma é particularmente relevante para o contexto da avaliação de programas sociais: a crescente presença de investidores sociais com perfil corporativo, à medida que, favorecidas pelo marco legal existente, as empresas fortalecem suas ações de responsabilidade social empresarial (RSE) com atuações mais diretas em comunidades ou segmentos populacionais muitas vezes não atendidos adequadamente pelas políticas públicas.

Essa tendência faz crescer – condizentemente com práticas empresariais adotadas para outros tipos de investimento – a demanda por mecanismos de avaliação dos programas e ações sociais executados, para garantir eventuais adequações no desenho e implementação dessas ações, assim como possibilitar a mensuração dos resultados e impactos por elas gerados.

Na maioria das vezes, no entanto, processos de avaliação mostram-se insatisfatórios ou mesmo inviáveis, dadas as inúmeras dificuldades para obter indicadores adequados tanto *antes da implementação* do programa quanto *ao longo de sua execução* e principalmente *numa fase posterior*, quando se espera que os resultados obtidos possam ser incorporados pelo grupo beneficiado de forma sustentável e perene. Alguns fatores relacionados com essas dificuldades são:

1. Ana Lúcia Lima é economista. Iniciou sua carreira de pesquisa na Itália e desde 1987 está no Ibope, em São Paulo, onde dirigiu a área de pesquisa de Mídia no Brasil e nos doze países da America Latina onde a empresa opera. Desde 2005 dirige o Instituto Paulo Montenegro – entidade sem fins lucrativos que coordena a atuação social do Grupo Ibope – atuando em programas nas áreas de educação e mobilização comunitária.

- a informação disponível é desatualizada, incompleta e faz referência a contextos ou territórios não exatamente iguais àquele em que o programa foi implementado;
- os custos para a realização de levantamentos específicos são proibitivos;
- o diálogo com o público que se quer atingir é dificultado por fatores culturais ou conjunturais;
- dados trazidos por fontes externas carecem de reconhecimento e legitimidade por parte dos beneficiários dos programas ou dos atores diretamente responsáveis por sua implementação.

Com base na experiência de quase setenta anos ouvindo a opinião dos brasileiros, o Instituto Paulo Montenegro, entidade que coordena a ação social do grupo Ibope, decidiu colocar sua *expertise* a serviço de instituições que visam, através do seu investimento social, desenvolver ações que contem com a participação dos vários atores em sua concepção, planejamento e execução, capazes de mobilizar comunidades ou grupos sociais pela implementação de mudanças coletivamente construídas e sustentáveis.

Por meio de *processos de consulta participativa* de opinião é possível construir conhecimento sobre o contexto, assim como sobre a percepção dos participantes de determinado território ou grupo social relacionado a ações sociais, um fator essencial para que programas, projetos e ações possam ser planejados e avaliados com objetividade e aderência às expectativas do público-alvo.

O texto a seguir ilustra, com um caso fictício, as possibilidades e limites do uso de metodologias participativas de consulta de opinião aplicada no contexto específico da avaliação participativa de projetos sociais.

O caso Santa Fé

Teresa Soares é a coordenadora de programas da Fundação Rodolfo Antunes, uma organização criada há mais de quarenta anos pelo fundador da Tecelagem Santa Fé, hoje uma das maiores indústrias do setor e certamente a maior empregadora de toda a região.

A Fundação mudou bastante desde que o velho Antunes destinou uma boa quantia de cruzeiros novos (quem se lembra deles?) para a criação de um fundo com o qual queria assegurar a continuidade de suas ações na comunidade de Santa Fé e nas dos municípios vizinhos, compostas, em grande parte, por dedicadíssimos trabalhadores da tecelagem a quem o velho Antunes devia grande parte de seu sucesso empresarial.

Hoje, tendo estruturado sua governança a partir de um conselho de administração formado pelos netos de Antunes e por executivos da Santa Fé, a Fundação apoia uma série de entidades locais e se orgulha de atuar com programas que contam com a gratidão das comunidades beneficiadas.

Mas Teresa não está contente... Sente que os programas poderiam avançar mais, provocar impactos e mudanças mais significativas para os participantes, para efetivamente transformar as perspectivas de médio e longo prazo daquelas famílias. Sente também que os tempos estão mudando, que o mercado de produtos têxteis está cada dia mais competitivo e traz novas exigências ao contexto empresarial. Percebe também que a nova diretoria da tecelagem já não tem o mesmo envolvimento emocional com as comunidades do entorno e, reciprocamente, estas com a empresa, e percebe a importância de poder dimensionar, com maior objetividade, os resultados de suas ações.

Teresa já trabalhou em grandes organizações e conhece metodologias e processos de avaliação de projetos sociais, mas não sente que esses seriam adequados neste caso. Uma mudança tão brusca de rumo (afinal, até agora não se havia feito nenhuma iniciativa desse tipo!) seria recebida com estranheza pela comunidade e por seus parceiros da ONG Ser Solidário, responsáveis pelo desenho e implementação dos programas da Fundação.

O interessante é que foi justamente o pessoal da Ser Solidário que trouxe a solução! Jorginho e Cláudia, os responsáveis pela ONG, haviam entrado em contato com metodologias participativas de avaliação e propuseram utilizá-las, como um piloto, em um dos programas mais fortes da Fundação, o Lendo o Futuro, que busca fortalecer as habilidades de letramento de jovens de 18 a 24 anos, que vivem nos municípios de Santa Fé, Barreirinha e Campo Verde: os dois primeiros muito próximos à tecelagem e o terceiro, distante cerca de oitenta quilômetros, fornecedor de matéria-prima para a indústria.

Inicialmente insegura (afinal, como podemos pedir aos diretamente envolvidos que avaliem os resultados de uma ação?), Teresa procurou informar-se melhor sobre metodologias participativas e convenceu-se de que valeria a pena experimentar. Afinal, ela concordava bastante com os princípios que orientavam tais metodologias: *a construção coletiva de conhecimento e o compartilhamento de objetivos comuns entre financiadores, executores e comunidade*.

Percebeu, logo de início, que havia duas áreas em particular que mereciam ser avaliadas com mais cuidado.

- Aspectos da *implementação do programa*, que permitissem identificar eventuais distâncias entre concepção original e aplicação prática do programa e, em especial:
  - O que funciona e o que não funciona conforme o esperado?
  - Quais os entraves e possíveis caminhos para superá-los?
- Evidências de *resultado ou de impacto*, ou seja, se as mudanças esperadas estavam ou não ocorrendo e quais os fatores que contribuíram para isso.

Familiarizados com o linguajar de processos de avaliação Teresa, Jorginho e Cláudia sabiam que para uma avaliação de impacto "como manda o figurino" seriam necessários alguns elementos impossíveis de obter: não dispunham de mensuração de "linha de base" ou "marco zero". O programa existia há mais de oito anos – muito antes que qualquer um deles fizesse parte dessa equipe – e suas características haviam variado ao longo do tempo! O programa carecia ainda de um "marco de resultados" propriamente dito, mas todos concordavam que suas metas eram bem claras e definidas, o que possibilitaria a construção do processo meio "de trás para a frente".

Usando o bom senso e confiando na sabedoria popular que diz que muitas vezes "o ótimo é inimigo do bom", os três arregaçaram as mangas e puseram-se a conceber o desenho da avaliação, com base nas metas que haviam sido definidas. O pano de fundo para a avaliação acabou ficando assim:

Resultado esperado

- "Jovens sabendo ler com fluência e utilizando a leitura e a escrita para seguir aprendendo e se desenvolvendo ao longo da vida."

Metas

- Assegurar o domínio das habilidades de leitura e escrita dos jovens participantes do programa.
- Estimular o uso social da leitura e da escrita nos diferentes contextos da sociedade atual.

Estratégias

- Criar oportunidades de leitura em diferentes espaços (escola, casa, bibliotecas, trabalho etc.).
- Introduzir e fortalecer o uso de gêneros e suportes alternativos de leitura e escrita.
- Estimular o interesse do aluno pela leitura como fonte de informação, entretenimento e aprendizagem.
- Valorizar a importância da leitura nas famílias dos participantes.

Esse exercício de reconstrução dos objetivos do programa e detalhamento dos caminhos pelos quais se pretendia atingi-los foi muito bacana, pois permitiu aos três participantes "aterrissar" uma série de ideias e definir mais concretamente alguns elementos que estavam presentes no programa, mas que eram compreendidos de formas ligeiramente diferentes por cada um deles. Aquelas coisas teóricas que todos já haviam lido sobre a importância de definições claras e compartilhadas sobre metas, resultados esperados e tal agora passaram a fazer muito mais sentido para os três. "Nunca mais a gente começa um programa sem fazer isso antes, do jeito certo, tá?", esse foi o pacto feito de comum acordo entre as duas instituições.

O próximo passo seria a definição de alguns indicadores que poderiam revelar se o programa estava efetivamente cumprindo com seus objetivos. Juntos, buscaram definir certas "pistas" que indicariam até que ponto o programa estava "no caminho certo", tomando o cuidado de escolher elementos mensuráveis com os quais pudessem efetivamente medir os avanços que já haviam ocorrido e traçar metas mais ambiciosas para os próximos anos. Ao final, concordaram em monitorar os seguintes indicadores:

- número de livros acessíveis em diferentes espaços de cada município;
- quantidade, perfil e forma de utilização de quem usufrui dessas publicações;
- diversidade de gêneros e suportes textuais aos quais os jovens têm acesso;
- proporção dos participantes que percebem ganhos em suas habilidades e práticas de leitura;
- proporção dos participantes que percebem maior interesse pela leitura e pela aprendizagem de modo geral;
- avaliação da produção escrita dos participantes do programa.

Jorginho chamou a atenção do grupo para um detalhe importantíssimo: se a ideia era fazer uma avaliação de forma participativa, seria importante validar esses indicadores com quem atua no programa, começando pelos educadores comunitários responsáveis por sua implementação em cada um dos três municípios. Da conversa com eles surgiram mais dois indicadores, que foram acatados pelo grupo:

- Matrícula e aprovação na Educação de Jovens e Adultos (EJA) de jovens participantes e não participantes do programa (já que o estímulo para concluir a Educação Básica era um ponto muito trabalhado pelos educadores entre os participantes e seria interessante saber se esse objetivo estava sendo alcançado).
- Proporção, características e razões que levavam alguns jovens a abandonar o programa antes de sua conclusão (embora não fosse um problema muito frequente, o abandono do programa por parte de alguns jovens sempre preocupara os educadores, que estavam continuamente buscando formas de reduzir a evasão).

Teresa achou muito interessante a incorporação dessas contribuições, pois sabia que essas abordagens se aproximavam do que, em linguagem "técnica" de avaliação, seriam chamados de "grupo controle" e de "grupo de evadidos" e que forneceriam pistas que valorizariam ainda mais o projeto de avaliação participativa.

Definidos então os pontos que o grupo pretendia avaliar, logo perceberam que alguns desses indicadores poderiam ser obtidos de registros já disponíveis e para outros seria necessário consultar, por meio de entrevistas, diferentes tipos de pessoa, identificados como fontes de informação. Cláudia logo se ofereceu para cuidar da coleta de informações em fontes secundárias:

- **Dados estatísticos oficiais** sobre matrícula, evasão e aprovação nos cursos de EJA;
- **Registros de matrícula nos cursos de EJA** cruzados com os registros de participantes do programa;
- **Registros de bibliotecas, centros comunitários, telecentros etc.**, sobre a oferta de materiais de leitura e a frequência dos participantes nestes espaços.

Ofereceu-se ainda para realizar a coleta de informações em fontes primárias por meio de **entrevistas em grupo** com educadores do programa e

entrevistas individuais com professores do EJA que têm alunos do programa como participantes, para avaliar a percepção deles sobre produção escrita dos jovens do Lendo o Futuro.

Outras fontes usuais de informação secundária podem ser:

- publicações (livros, jornais, internet etc.);
- especialistas, possivelmente de distintas origens;
- equipamentos públicos da região;
- ONGs que atuam na região;
- moradores e beneficiários.

Jorginho e Teresa, auxiliados por dois educadores de cada município, assumiram a organização da proposta de consulta participativa. Não seria tarefa simples, pois teriam que organizar duas pesquisas: uma, com os jovens que estavam participando do Lendo o Futuro, e outra com aqueles que haviam abandonado o programa antes de sua conclusão.

Todos quiseram começar a fazer o questionário, mas Jorginho segurou o grupo, lembrando que esse era um equívoco muito comum: o de pensar que a pesquisa começa pelo questionário. Na realidade, é necessário vencer uma série de etapas antes de chegar a esse ponto, e para isso propôs que seguissem um roteiro de trabalho.

Etapas para construção de uma investigação:

- identificação do foco a ser investigado;
- qualificação do tema com base na análise das informações disponíveis;
- formulação de hipóteses e das variáveis de análise;
- definição dos grupos a ser entrevistados;
- elaboração dos questionários;
- pré-teste e revisão dos questionários;
- aplicação em campo;
- digitação e tabulação dos questionários;
- análise dos resultados.

"Só depois de definir o que queremos realmente saber, avaliar o que já sabemos ou podemos descobrir a partir de outras fontes de informação, especular sobre o que achamos que vamos encontrar e quais fatores acreditamos que influenciem as opiniões dos entrevistados e determinar quantos e quem iremos entrevistar é que a gente deve partir para fazer o questionário!", explicou

Jorginho. "Passar por essas etapas e planejar bem o trabalho garante a coerência de todo o processo da pesquisa e evita muitas dores de cabeça depois."

Para a primeira consulta o foco definido foi a percepção, por parte dos jovens participantes, do programa Lendo o Futuro, dos ganhos obtidos com o programa em termos de habilidades e práticas de leitura e de seu grau de interesse pelo estudo, seja no âmbito escolar, seja em outros contextos. Houve certa dificuldade para formular as hipóteses a investigar. Cada um achava uma coisa e defendia a necessidade de explorar eventuais relações de causalidade entre diferentes fatores do programa e seus resultados!

"O melhor aproveitamento deve ter a ver com a condição familiar do jovem, do ambiente em que vive, da renda familiar", diziam uns. "Não acho!", rebatiam outros. "Depende mais do que o jovem espera para seu futuro, que vontade ele tem de crescer na vida!". "Pode ter a ver com o cara ter computador em casa e poder praticar mais a leitura com textos da internet"... Ou ainda: "Para mim, tem a ver com o ambiente de trabalho em que o jovem está inserido. Se ele pratica ou não a leitura e a escrita no dia a dia".

E por aí foi... cada um levantando novas possibilidades (as famosas hipóteses!) que poderiam explicar o maior ou menor êxito do programa entre os participantes. Foi preciso que Teresa trouxesse textos de especialistas em processos de pesquisa participativa para que o grupo se convencesse de seguir algumas dicas e focar mais claramente o objeto de sua pesquisa.

Dicas para definição do objeto de pesquisa:

- Um projeto de pesquisa – participativa ou não – não pode dar conta de todos os aspectos de um problema de uma só vez!
- Sugere-se considerar no máximo um par de hipóteses, com quatro a cinco questões referidas a cada hipótese.
- Refutar uma hipótese é tão bom – em termos de resultado da pesquisa – quanto confirmá-la.
- Temos tendência a querer comprovar que "estamos certos" e muitas vezes preferimos refutar a pesquisa por não conseguir lidar com resultados inesperados!

E quem deveria ser entrevistado? Como selecionar uma amostra que fosse representativa dos 360 participantes do programa? De que tamanho deveria ser a amostra? Mais uma vez o material de referência trazido pela Teresa foi relevante: quando os elementos que compõem a população a ser estudada (que pretensiosamente os estatísticos chamam de "universo"!) são conhecidos, pode-se fazer um sorteio para selecionar a amostra. Isso era fácil, pois o programa mantinha em seu banco de dados o nome de todos os participantes.

E quantos seria necessário entrevistar? Continuaram seguindo as dicas do texto que Teresa havia trazido.

A decisão sobre o tamanho da amostra em projetos de consulta participativa deve levar em conta a combinação de dois fatores: deve ser grande o suficiente para poder representar a diversidade existente na população que se quer representar (por exemplo: diversidade de gênero, faixa etária, escolaridade, situação familiar, condição de trabalho e outras variáveis que podem ser relevantes para a questão que está sendo investigada), mas "caber no fôlego" do grupo que vai realizar o trabalho de campo, a fim de garantir a viabilidade e a qualidade do trabalho de coleta de dados.

Decidiram então que no caso dos alunos participantes do programa a amostra seria de 120 casos: as entrevistas seriam feitas durante os encontros semanais entre os educadores e os alunos, o que facilitaria o acesso aos entrevistados. Bastaria listar os 360 nomes, selecionando um a cada três! Isso garantiria que cada participante tivesse a mesma chance de ser incluído na amostra, o que assegura uma boa representatividade.

Agora que estavam craques na metodologia decidiram fazer o mesmo processo para a segunda consulta, a que abordaria os jovens que abandonaram o programa antes de sua conclusão, passando pelas mesmas etapas. Mais uma vez, o "achômetro" foi posto para funcionar e surgiram as hipóteses: "Acho que os jovens abandonam o programa porque têm que trabalhar", sugeriam alguns. "Não é só o trabalho, não! Tem gente que volta a estudar, se casa, tem filhos, tem que cuidar de parente doente e tal", argumentavam outros. "Pode ser também que alguns deixem o programa, pois não veem utilidade naquilo que tentamos passar para eles", arriscavam outros.

Nesse caso, o mais complicado foi a definição da amostra! Como se tratava de jovens que já não estavam participando do programa, teriam que procurá-los em casa! Ainda bem que nos cadastros dos alunos constava o endereço de todos! Verificaram que havia 98 jovens que tinham abandonado o curso nos últimos dois anos. Como a consulta seria bem mais trabalhosa nesses casos (as entrevistas teriam que ser feitas de porta em porta, pois a maioria deles não tinha telefone!), decidiram entrevistar quarenta deles. Esse "numerinho mágico" parecia adequado para permitir a análise de diferentes opiniões.

Nesse caso, para selecionar a amostra, o grupo verificou em cada município o sexo e a idade dos que haviam abandonado o programa e distribuíram as entrevistas a ser realizadas na mesma proporção. Um cuidado, no entanto, seria muito importante: as entrevistas deveriam ser feitas em diferentes horários e dias da semana, pois se fossem procurar as pessoas apenas em horário comercial não encontrariam aquelas que trabalham, e essa era uma das variáveis que consideravam mais "explicativas" para o abandono do curso!

Agora, sim, o grupo estava pronto para começar a fazer os questionários das duas consultas!

Mais uma vez as dicas do material que Teresa havia trazido foram muito úteis.

Para a construção de um questionário:

- Só comece a fazer um questionário DEPOIS de ter passado por todas as etapas anteriores.
- Use uma linguagem direta e objetiva – quanto mais simples, melhor.
- Siga uma estrutura-padrão, que facilitará muitíssimo o trabalho nas etapas subsequentes.
- Avalie quais variáveis de cruzamento (gênero, idade, local e condição de trabalho etc.) poderão ser úteis na análise, mas não exagere na inclusão de muitas delas.
- Avalie a contribuição de cada questão para elucidar o foco da pesquisa e seu vínculo com as hipóteses formuladas; se a contribuição não é clara, a pergunta não é necessária.
- Não abuse de perguntas abertas ou de múltiplas respostas; você certamente vai se arrepender na hora da tabulação e da interpretação dos resultados.
- Nunca deixe de fazer um pré-teste e pensar em como serão tabulados os dados ANTES de imprimir todos os questionários.
- Se você perceber que há algo de errado com o foco da pesquisa ou com as hipóteses levantadas, essa é a hora de corrigir isso! Volte atrás, reveja o que foi feito, ou você terá que lidar com a frustração de ter feito um grande esforço à toa!

E o questionário ficou assim:

Consulta participativa	Alunos do Lendo o Futuro	Santa Fé	Data da entrevista:
Cidade: Comunidade:			Nº questinonário:
Nome do entrevistado:			Tel. res.: ( )
Endereço:			Tel. com.: ( ) Celular: ( )
Bairro:			E-mail:

P1) Sexo:

Masculino	1
Feminino	2

P2) Idade:

Qual sua idade?
______ anos

P3) Como a sua habilidade de leitura mudou desde que participa do programa Lendo o Futuro?

Está melhorando, em ritmo acelerado	Está melhorando, em ritmo lento	Está igual	Está piorando	Não sei avaliar
4	3	2	1	9

P4) O quanto você concorda com cada uma das frases abaixo?

Frases	Concorda totalmente	Concorda em parte	Não concorda	Não sabe avaliar
O programa oferece materiais de leitura interessantes, que me fazem ter vontade de ler cada vez mais e melhor.	3	2	1	9
Melhorar a habilidade de leitura é fundamental para assegurar meu crescimento pessoal e profissional.	3	2	1	9
Todos podem chegar a ler com fluência, mesmo que não tenham tido a oportunidade de desenvolver esta habilidade quando crianças.	3	2	1	9

P5) Todos os anos, alguns jovens que participam do programa Lendo o Futuro não chegam ao final do curso. Em sua opinião, qual é o principal motivo que faz com que isto aconteça? Você tem alguma sugestão para motivar os jovens?

____

____

Ufa! Questionários prontos, devidamente pré-testados, chegara a hora de "pôr o samba na avenida"! Jorginho ficou encarregado de coordenar o trabalho de campo e para isso reuniu os seis educadores para passar as instruções de campo: "Uma entrevista nada mais é do que uma conversa organizada", explicou ele. "Como em qualquer diálogo, algumas coisas devem ser garantidas."

Para realizar boas entrevistas:

- As duas partes têm que compreender o sentido, a razão de ser da conversa. Só assim se dará uma comunicação efetiva. É, portanto, fundamental abrir a entrevista se apresentando, por exemplo: "Bom dia, meu nome é fulano e estou fazendo uma pesquisa sobre hábitos de leitura e escrita com jovens desta comunidade. Você poderia responder a algumas perguntas?".
- É fundamental seguir atentamente as instruções do questiotnário com relação à forma de aplicação das perguntas (respostas únicas ou múltiplas, ler ou não ler as opções de resposta etc.).
- As anotações devem ser feitas de maneira clara, sem rabiscos. Nas perguntas abertas deve-se anotar o mais fielmente possível tudo o que o entrevistado disser.
- O entrevistador encontrará todos os tipos de pessoa, simpáticas e antipáticas, apressadas e desocupadas, mais rápidas ou mais lentas no entendimento das questões etc. É importante que a aplicação do questionário se dê da mesma maneira em todos os casos. O entrevistador deve ser neutro para não afetar o resultado da entrevista. (Todas as opiniões merecem respeito. Mesmo que você discorde radicalmente da opinião do entrevistado, não o demonstre! Faça "cara de parede" e siga em frente com a entrevista.)
- Se o entrevistado não entendeu uma pergunta, não se deve interpretá-la para ele. O correto é reler mais pausadamente e esclarecer pontualmente alguma palavra que porventura ele não tenha entendido, sem "traduzir" a pergunta à maneira do entrevistador.

Jorginho foi ainda mais rigoroso ao transmitir as orientações referentes ao cumprimento das instruções no momento da escolha dos entrevistados. Explicou detalhadamente a importância de que todos aqueles que foram selecionados fossem entrevistados, podendo ser substituídos apenas excepcionalmente.

"Mas digamos que o João tenha sido selecionado e ele tenha faltado ao encontro bem no dia da entrevista...", perguntou Dora, uma das educadoras que fariam a aplicação dos questionários da consulta.

"A gente tenta no dia seguinte e mais uma vez na semana seguinte. Se ainda assim não for possível entrevistá-lo, o João deve ser substituído pela pessoa cujo nome aparece em seguida na lista de chamada. Neste caso, o José."

"E se, por muito azar, o José também estiver ausente naquele dia?"

"Daí passamos para o nome que vem antes do João, a Janaína. Se ela não estiver também o melhor é trazer o caso para mim e eu oriento vocês sobre o que fazer, ok?"

"O mesmo vale para o caso das entrevistas feitas nas casas dos jovens que já não fazem mais parte do programa?", seguiu perguntando Dora, muito compenetrada para realizar corretamente o trabalho de campo.

"Exatamente, mas com um cuidado a mais: se você foi à casa do João num dia de semana no período da tarde e não o encontrou, você deve voltar no dia seguinte em outro horário e, caso seja necessário mais um retorno, esse deve ser feito no fim de semana, para que haja maior chance de encontrá-lo, certo?"

"Pode também acontecer de o João não querer responder à entrevista", continuou Jorginho. "Nesse caso, insista, educadamente, mostrando a importância do estudo e dizendo que são apenas umas poucas perguntas. Mas não o engane, dizendo que a entrevista será mais rápida do que realmente é. Pode acreditar: transparência e simpatia fazem milagres!"

Para finalizar, Jorginho chamou a atenção para as questões éticas: o fiel registro das entrevistas era fundamental para que o processo de avaliação participativa tivesse utilidade para todos os que atuam na execução do programa e para que, juntos, corrigissem algum detalhe de sua implementação, caso necessário.

Ficou combinado que os seis educadores fariam as entrevistas em um município diferente daquele em que normalmente atuam, para evitar que os entrevistados ficassem constrangidos em avaliar o programa se entrevistados pelo educador com o qual se reúnem regularmente e acabassem sendo excessivamente generosos (ou mesmo excessivamente críticos) com o programa.

O grupo está agora na etapa de digitação e tabulação dos questionários, após um período de campo muito bem sucedido: 114 entrevistas realizadas com participantes e 37 com evadidos. Teresa assumiu essa tarefa, por ter mais familiaridade com planilhas eletrônicas e com conceitos matemáticos. Embora trabalhoso, é o momento mais bacana da consulta participativa, pois é quando se vê quanto valeu a pena o esforço e quantas informações estarão disponíveis para melhor compreender os resultados do programa.

Cláudia também está quase finalizando a etapa de levantamento dos dados que haviam ficado sob sua responsabilidade e que ajudarão a completar o quadro geral da avaliação. Todos não veem a hora de ter os resultados e trabalhar conjuntamente para convertê-los em ações concretas! É evidente que o processo contribuiu enormemente para que todos (financiadores, executores e educadores) reconheçam a relevância e a legitimidade dos resultados obtidos e se comprometam com a implementação das mudanças que venham a ser necessárias.

A última etapa prevê a apresentação dos resultados para diferentes grupos, focalizando aspectos relevantes para cada um deles:

- relatórios impressos para o Conselho da Fundação Santa Fé e para parceiros do poder público;
- tabelas e relatórios detalhados para a equipe;
- apresentações orais para jovens participantes.

O grupo ficou tão animado com o processo que já está querendo ousar mais! Pretendem realizar uma nova consulta participativa, dessa vez com os jovens que tinham participado do programa havia dois ou três anos para saber se eles percebem ganhos efetivos em suas perspectivas de inserção profissional e social após a conclusão do programa (afinal, a aposta era esta: que as aprendizagens adquiridas no programa Lendo o Futuro teriam impactos positivos na vida dos jovens participantes).

Teresa sabe que a grande dificuldade para fazer esse tipo de estudo está em conseguir reencontrar, depois de alguns anos, um conjunto de ex-participantes que reflita toda a diversidade presente no grupo que originalmente esteve no programa. Se esse cuidado não for tomado, corre-se o risco de contatar apenas um tipo de pessoa: a que continua morando onde sempre morou, mantendo vínculos com o mesmo grupo social em que vivia... O que terá acontecido com aqueles que mudaram de endereço, que foram embora da cidade? E com aqueles que não querem ser encontrados? Teriam eles tido uma evolução diferente (para melhor ou para pior?) do que aqueles que puderam ser contatados? E que tipo de evolução teriam tido outros jovens do mesmo grupo social que não participaram do programa? Será que o que aconteceu ao longo desse período com os ex-participantes do programa (conseguiram um emprego, casaram-se, "criaram juízo", voltaram a estudar, por exemplo) não são tendências gerais, que ocorreram em proporções semelhantes com várias pessoas da mesma geração?

São muitas as questões e muitos os desafios, mas Teresa ganhou confiança com o processo e percebeu que com um cuidadoso planejamento e uma boa dose de bom senso é possível realizar projetos que trazem grandes contribuições, sempre entendendo que *abordagens participativas de avaliação não substituem o trabalho do especialista, mas podem alinhar-se a ele, agregando elementos importantes, de acordo com os objetivos dos responsáveis por sua coordenação: participação, mobilização, comprometimento, empoderamento e legitimidade estão entre os possíveis aportes desse tipo de estratégia*. Jorginho e Cláudia, por sua vez, acreditam que projetos com essas características cumprem fielmente seu papel, valorizando as contribuições de cada um na construção de parcerias mais efetivas e sustentáveis.

5

AVALIAÇÃO EXTERNA E AVALIAÇÃO INTERNA: DISTINÇÕES, APLICAÇÕES, COMPETÊNCIAS DO AVALIADOR, PASSOS E CUIDADOS PARA A EXECUÇÃO

Eduardo Marino[1] e Cristiane Locatelli[2]

1. Introdução

As inúmeras possibilidades metodológicas para uma avaliação, seja de um programa de investimento social privado, seja de políticas públicas, buscam operacionalizar seu construto central: a determinação do valor de algo – projeto, programa, prática, publicação, sistema, conhecimento ou proficiência de indivíduos.

Em nossas escolhas cotidianas esse valor é determinado com base em critérios sustentados por valores pessoais. Já em avaliações formais deve ser sustentado por critérios éticos, reconhecidos e amplamente aceitos pela sociedade e pelos envolvidos na área.

Mesmo assim a avaliação é um ato humano. Ocorre em contextos complexos, ricos em interações entre indivíduos e instituições cujos valores estarão, em alguma medida, sempre presentes.

Note-se o fragmento de texto a seguir, do teórico e pesquisador Amartya Sen (2000, p. 34). Retrata a opção por uma abordagem de avaliação centrada em princípios "libertários" em detrimento dos "econômicos". O autor, em suas publicações, esclarece e justifica essa escolha, a escolha manifesta de um sujeito.

---

1. Eduardo Marino é mestre em administração de empresas pela FEA-USP e graduado em zootecnia pela Unesp. É gerente da área de avaliação e pesquisa da Fundação Maria Cecília Souto Vidigal. Atuou em avaliações de programas relacionados a sustentabilidade, conservação ambiental, saúde e educação.

2. Cristiane Locatelli é graduada em psicologia pela Pontifícia Universidade Católica de São Paulo (1986), com especialização em saúde pública pela Universidade de São Paulo (1992) e mestrado na área de avaliação pela Faculdade de Saúde Pública da USP (2006); doutoranda pela Faculdade de Saúde Pública da USP (2012), tendo como linha de pesquisa a avaliação de políticas públicas. Atua principalmente como consultora e pesquisadora na área de avaliação de programas e políticas públicas.

> *No aspecto avaliatório, a abordagem aqui adotada concentra-se em uma base factual que a diferencia da ética prática e da análise das políticas tradicionais, como a concentração "econômica" na primazia da renda e riqueza... enfocando diretamente as liberdades substantivas que as pessoas têm razão para prezar...*

Ao analisar publicações específicas sobre avaliação, percebe-se que diferenças metodológicas (formas de identificação de interessados, definição de seu papel, coleta de informações, análise de resultados) gravitam em torno deste fenômeno central de determinação do valor: quem irá julgar, com base em quê. Muitas vezes, alternativas são colocadas em oposição – *avaliação externa* versus *avaliação interna*; *informações quantitativas* versus *informações qualitativas*; *avaliação participativa* versus *avaliação centralizada em um avaliador ou pequenos grupos* –, quando, na verdade, são elementos que não estão valorados *per si*. Dependendo do direcionamento assumido durante a etapa de planejamento, podem até mesmo se combinar em um *design* de avaliação. É muito comum (e indicado) encontrarmos avaliações que se compõem por abordagens qualitativas e quantitativas, que congregam avaliadores externos e internos, e processos de análise de dados que envolvem equipes do programa e avaliadores profissionais.

O processo de planejar uma avaliação começa com a decisão de empreendê-la. Os responsáveis, com maior ou menor consciência sobre as implicações dessa escolha, formulam uma demanda, fruto de uma inquietude relacionada a determinado programa ou projeto a ser avaliado. A partir daí esses responsáveis poderão atuar como contratantes de uma avaliação externa, definir internamente responsabilidades pelo estabelecimento de um processo avaliatório, ou executar ambas as ações, de forma combinada.

Ao avaliador, seja ele parte da organização ou externo a ela, cabe ouvir essa demanda e contribuir para que motivações e interesses dos envolvidos se tornem claros (movimento que, por vezes, ocorre ao longo de todo o processo). Assegurar a participação e a instauração de um processo de reflexão coletiva, desde a definição do escopo da avaliação, da metodologia a ser utilizada, até a análise de resultados, é parte essencial do papel do avaliador (ou equipe de avaliação).

Buscando uma nitidez de contornos, no próximo tópico se explicitarão conceitos e práticas de avaliação interna, externa e híbrida, ressaltando papéis que o avaliador pode assumir em cada uma delas. Na sequência será apresentado um quadro com princípios orientadores para a realização de processos avaliatórios, que incluirá uma breve comparação entre expectativas para avaliações internas e externas. Finalizando, serão relatados dois casos considerados fronteiriços entre a avaliação externa e a interna: a promoção, por um profissional de avaliação, do desenvolvimento de capacidades avaliativas das equipes executoras dos projetos.

2. Avaliações externas e avaliações internas

Segundo Michael Scriven (1991), importante teórico da área, a avaliação externa é aquela conduzida por indivíduos que não fazem parte da equipe do projeto ou programa, ou que não foram pagos anteriormente para a execução de trabalhos e, portanto, não mantêm nenhum compromisso com o seu sucesso ou fracasso. Para Scriven, as vantagens da avaliação externa são:

- menor vulnerabilidade do avaliador externo com relação a questões relacionadas à manutenção de um cargo no projeto ou programa-alvo da avaliação, podendo falar com maior franqueza sobre suas eventuais fragilidades;
- preparação técnica do avaliador para produzir avaliações de melhor qualidade do ponto de vista metodológico;
- possibilidade de comparação do programa ou projeto em foco com similares;
- maior credibilidade da avaliação entre públicos externos.

Para a conceituação de avaliação interna será utilizada a definição de Clifford e Sherman (1983, citada por Love, 1991): é o processo que envolve a atribuição de responsabilidade a uma equipe da organização para avaliar projetos, programas ou problemas relacionados à gestão da organização. Os autores destacam como vantagens da avaliação interna:

- o avaliador interno possui maior conhecimento sobre a cultura, políticas, procedimentos, produtos, pessoas e gestão da organização, dado que faz parte dela;
- o conhecimento da organização e de suas necessidades permite ao avaliador desenvolver desenhos avaliativos mais adequados às condições e necessidades internas da organização;
- a prática contínua de avaliações internas permite diminuir a ansiedade que é bastante comum em processos de avaliação;

- a avaliação interna pode reduzir custos quando comparada aos valores gastos para a contratação de avaliadores externos;
- as avaliações podem contribuir para o desenvolvimento organizacional por possibilitar a geração de informações para os processos de planejamento e pela aprendizagem gerada.

Fica claro que em cada realidade será necessário ponderar prós e contras para a escolha de um tipo de avaliação. Algumas das vantagens destacadas para uma modalidade podem ser espelhadas como desvantagens. Por exemplo, um avaliador externo, em função de um conhecimento limitado sobre a cultura e política institucional da organização, correria um risco maior de gerar um viés no estudo avaliativo, em virtude de uma análise superficial do contexto externo e interno ao programa avaliado. Entretanto, em uma situação de avaliação interna, a familiaridade da equipe com as bases do programa e sua operacionalização pode dificultar em muito sua capacidade de análise crítica. Da mesma forma, a configuração das relações hierárquicas na organização pode limitar a possibilidade de uma equipe interna lidar com possíveis falhas na gestão reveladas no processo avaliativo, tarefa para a qual um avaliador externo estará mais bem posicionado.

A opção pela avaliação interna, via de regra, está ligada a uma intenção de apreender os fatores geradores de sucesso e insucesso nos programas e projetos desenvolvidos, visando aprimorar a prática e atingir melhores resultados. A equipe se ocupa em gerar informações em tempo hábil para determinar novos rumos às ações em curso, caso seja necessário.

Na medida em que determina o valor das ações realizadas e orienta decisões, a avaliação é sempre um instrumento de poder. Nas avaliações internas, que exigem a descentralização e delegação de autoridade, torna-se necessária uma grande abertura por parte das lideranças das organizações. É imprescindível que viabilizem a "investigação" de processos e a consequente revelação de aspectos tanto positivos como negativos.

Deve-se colocar em relevo a prática de avaliação interna que vem sendo desenvolvida em diversas escolas públicas brasileiras, envolvendo a ampla participação das diferentes instâncias da comunidade escolar e facilitada por instrumentos como os *Indicadores da Qualidade na Educação (IQE)* (Ação Educativa, Unicef et al., 2004), que ajudam a estabelecer o foco das discussões nas unidades. Além de fomentar a cultura de avaliação nas escolas, essa ação tem funcionado como importante estratégia de melhoria da qualidade da educação.

A opção pela avaliação interna exige o desenvolvimento de capacidades avaliativas dos envolvidos, não necessariamente aquelas esperadas de um avaliador profissional, mas competências específicas para o desempenho adequado da função. No planejamento da avaliação, deve-se já prever o tempo necessário a essa formação, podendo-se até mesmo contratar um avaliador externo que contribua para a promoção do processo de aprendizagem.

Inserem-se aqui as "avaliações mistas", nas quais profissionais de avaliação podem atuar na equipe da organização facilitando o desenvolvimento técnico e operativo dos grupos envolvidos. O planejamento da avaliação – desde a formulação de perguntas avaliativas, a construção de indicadores e o acompanhamento da coleta de dados primários até a análise de resultados e discussão quanto à utilização dos achados avaliativos – pode ser empreendido de forma conjunta.

Uma limitação dessa prática que merece ser ressaltada é a dificuldade em estabelecer parâmetros de comparação do programa avaliado com outros programas de natureza semelhante, já que os indicadores utilizados para a avaliação não necessariamente estão vinculados a parâmetros externos.

As avaliações externas são especialmente aplicáveis a programas desenvolvidos em larga escala, dispersos geograficamente, quando há necessidade de analisar a eficiência e a eficácia na utilização dos recursos humanos e financeiros, bem como os resultados alcançados. Podemos tomar como exemplo a avaliação de programas públicos federais: se imaginarmos um conjunto de escolas do Ensino Fundamental desenvolvendo processos de avaliação interna, mesmo que simultaneamente, em cada unidade escolar seriam endereçados aspectos específicos relacionados à sua realidade, e não se construiria uma visão global do desenvolvimento do programa e do conjunto dos resultados alcançados.

Entretanto, os responsáveis pelo desenvolvimento de programas de menor porte também fazem uso da avaliação externa, principalmente em momentos de prestação de contas a seus apoiadores, que via de regra solicitam essa modalidade de avaliação acreditando que será mais confiável e isenta, ou em momentos em que uma visão externa qualificada parece necessária à equipe, para a promoção de processos de reflexão e de maior clareza na condução de seus programas.

A avaliação externa é frequentemente associada à centralização e ao controle. As empresas, as ONGs e os órgãos estatais que consideram a avaliação prioritariamente como um instrumento de gestão esperam do avaliador uma atuação próxima à de um auditor financeiro: com controle sobre os instrumentos de coleta, fontes de informação e processos de análise de dados, e geração de respostas objetivas que orientem as tomadas de decisão. Em face do desafio de medir resultados de programas voltados a grandes populações, dessa forma aparentemente neutra, muitas vezes se opta por avaliações padronizadas, com a utilização de instrumentos e critérios únicos para diferentes contextos, resultando em graves distorções de resultados.

É o caso, muitas vezes discutido, dos exames nacionais nas áreas da educação básica, de ensino e da educação superior iniciados no Brasil na década de 1990[3] – externos, quantitativos e padronizados. Uma característica importante desses sistemas de avaliação é a centralização: um órgão do governo federal se responsabiliza por todas as escolas do país. Por um lado, reforça-se a possibilidade de estabelecer algum controle do investimento público – são obtidas informações padronizadas das unidades escolares, que podem ser comparadas entre si, mapeiam-se áreas críticas e de melhor qualidade na educação básica. Por outro lado, seu distanciamento em relação ao contexto local pode gerar informações sem potência para influir nas condições de aprendizado dos alunos. Além disso, comparações entre unidades escolares que recebem investimentos distintos podem gerar descrédito em relação à avaliação realizada. A insatisfação com critérios e formas de valoração é fomentadora da descrença no sistema de avaliação e do consequente distanciamento das práticas avaliativas.

Enfatiza-se que a contratação de uma avaliação externa, mesmo em programas desenvolvidos em larga escala, não subentende a opção por um desenho avaliativo padronizado, displicente quanto a diferenças de contexto e investimentos locais. É bastante possível que se efetive uma análise consistente de variáveis facilitadoras e limitadoras para o alcance de resultados, contando com a participação de atores envolvidos de diferentes

3. O Sistema de Avaliação da Educação Básica (Saeb), o Exame Nacional do Ensino Médio (Enem) e o Exame Nacional de Cursos (ENC).

localidades[4], que possa servir como base para reflexões sobre o desenvolvimento de programas semelhantes em nível federal.

3. Passos da avaliação e papéis do avaliador

As avaliações podem ser conduzidas de diversas maneiras. Existem modelos mais complexos, que seguem etapas similares às de uma pesquisa acadêmica, e modelos mais simples, nos quais os processos se constituem em reuniões que contam com a atuação de um avaliador no papel de facilitador.

Há, entretanto, cinco etapas gerais que se aplicam a todos os padrões. São elas:

1. pré-avaliação;
2. implantação;
3. comunicação e uso;
4. reflexão;
5. gerenciamento.

As atividades a desenvolver em cada uma das etapas vão diferir, aí, sim, de acordo com o modelo adotado.

Nos quadros das páginas seguintes são apresentadas as fases, atividades e papéis/competências necessárias ao avaliador para o desenvolvimento de uma avaliação. O perfil de competências e o papel do avaliador, principalmente quanto à intensidade das ações, são distintos em processos de avaliação externa e avaliação interna. O avaliador externo, por ser um profissional especializado no campo da avaliação e por lidar com modelos mais complexos, poderá ser demandado em igual medida em todos os papéis listados. Já o avaliador interno poderá encontrar áreas em que o desafio será maior ou menor, dependendo das características da equipe de trabalho e da complexidade do modelo avaliativo escolhido.

É difícil imaginar que um único indivíduo reúna todas as competências listadas no quadro. O que ocorre na prática é que raramente o avaliador

4. Selecionadas com base em características pertinentes ao aprofundamento da compreensão de contexto, como o porte populacional dos municípios, a região geográfica do país à qual pertence, estrutura, equipamentos envolvidos na prestação de serviços e outras, buscando reproduzir a heterogeneidade do universo de estudo.

está sozinho na condução de um processo. É importante que haja um esforço de equipe para que todas as competências listadas estejam disponíveis nas cinco etapas de uma avaliação.

Fases	Atividades	Papel/competências	Avaliador externo	Avaliador interno
Pré-avaliação	Contato inicial com os interessados na avaliação (internos e/ou externos)	Ouvir e fazer boas perguntas para compreender a demanda. Apoiar os interessados na formulação das perguntas que serão respondidas pela avaliação.	★★★	★★★
	Elaboração do plano de avaliação	Conhecer várias abordagens e metodologias. Saber combiná-las em um plano de avaliação.	★★★	★
	Fechamento do contrato (discussão, revisão do plano)	Saber conciliar as preocupações das várias partes interessadas na avaliação. Assegurar que padrões metodológicos sejam condizentes com as boas práticas.	★★★	★★
Comentário: A avaliação deve atender às necessidades de informação das partes interessadas no projeto ou programa. Cabe ao avaliador promover a identificação desses grupos, a escuta de suas posições e a proposição de um plano de avaliação compatível com os seus interesses, metodologicamente adequado e viável de ser implantado. Esse é um princípio que deixa clara a distinção entre avaliação e pesquisa acadêmica. A pesquisa está voltada aos interesses do pesquisador, prioriza a sua percepção quanto à relevância do estudo para a sociedade, ao passo que a avaliação se orienta para as necessidades imediatas de informação das partes interessadas, e para diferentes usos: tomada de decisão, comunicação, prestação de contas e aprendizagem.				

Fases	Atividades	Papel/ competências	Avaliador externo	Avaliador interno
Implantação	Preparo da coleta de dados (contatos para a apresentação dos avaliadores e do plano de avaliação)	Ser transparente e cuidadoso na discussão dos objetivos da avaliação. Responder a todas as perguntas sobre dúvidas quanto aos objetivos e metodologia da avaliação.	★★★	★★★
	Coleta de dados secundários e primários	Identificar e propor os métodos mais adequados para a coleta de dados.	★★★	★★
	Análise de dados	Identificar e propor os métodos mais adequados para a análise dos dados.	★★★	★
	Determinação de valor – julgamento	Conduzir de forma transparente e justa a determinação de valor das ações e resultados.	★★★	★★
	Elaboração de relatórios	Elaborar produtos e meios de comunicação adequados para as distintas audiências.	★★★	★★
Comentário: O processo de definição de valores e de interpretação pode gerar desconfortos e conflitos. O avaliador deve estar atento a esses fenômenos e preparado para facilitar o esclarecimento de critérios, mediar conflitos e negociações entre as partes interessadas durante todo o processo de avaliação.				

Fases	Atividades	Papel/ competências	Avaliador externo	Avaliador interno
Comunicação e uso	Apoio para utilização dos resultados (discussão, comunicação)	Apoiar os processos de discussão quanto ao uso das informações geradas.	★★★	★★★
Comentário: É fundamental que todas as pessoas que contribuíram no processo avaliativo tenham acesso às informações geradas pela avaliação. Muitas vezes a organização que contrata uma equipe de avaliação considera que os achados da avaliação interessam apenas aos seus dirigentes e equipes técnicas. Muitos parceiros e beneficiários que se disponibilizaram a contribuir em entrevistas ou fornecimento de informações secundárias ficam relegados a um segundo plano quando se trata da disseminação da informação produzida. É recomendável que os avaliadores incluam nos seus planos de avaliação estratégias de discussão e comunicação dos achados da avaliação com os públicos diversos que contribuíram para o estudo. Tem sido comum na área do investimento social privado o interesse em sistematizar tecnologias sociais de sucesso. A prática é louvável; entretanto, é importante que os projetos ou programas que dão origem a essas práticas sejam avaliados em sua completude, incluindo os aspectos de mérito da iniciativa e as suas limitações.				

Fases	Atividades	Papel/ competências	Avaliador externo	Avaliador interno
Reflexão	Meta-avaliação (reflexão sobre o processo de avaliação)	Refletir sobre o processo e produtos da avaliação para aprimorar futuras avaliações.	★★★	★★★
Gerenciamento	Gestor de processos	Atuar como gestor de processos durante todas as etapas da avaliação.	★★★	★★★

Fonte: quadros adaptados de Skolits, 2009, pp. 282-283.

4. Relatos de casos

Serão descritas a seguir duas experiências voltadas ao desenvolvimento de capacidades avaliativas de equipes. A primeira foi conduzida por consultores/avaliadores que trabalharam em equipes de organizações da sociedade civil para a avaliação de projetos de educação complementar, apoiados por uma importante instituição que atuou por 23 anos no Brasil nas áreas de cultura, educação e promoção social. A segunda experiência foi desenvolvida na sede de um banco em São Paulo, na equipe da área de investimento social.

Caso I – Iniciativa de desenvolvimento de capacidades avaliatórias em equipes de projetos de educação complementar

Após testar diversas abordagens externas de avaliação, a gerência da área de desenvolvimento social da instituição apoiadora decidiu experimentar uma abordagem de avaliação que gerasse mais uma oportunidade de fortalecimento das organizações parceiras do Programa de Educação Complementar.

A iniciativa foi orientada pela proposição de Margaret Dugan (2002): "Enquanto a abordagem da avaliação participativa preconiza o envolvimento dos diferentes atores no processo avaliatório, a empoderativa prevê que os atores assumam a responsabilidade pela avaliação".

A estratégia utilizada foi a de buscar "empoderar" atores dessas organizações, promovendo o desenvolvimento de suas capacidades avaliatórias. O papel dos consultores/avaliadores foi o de coaching *em avaliação de projetos, apoiando as equipes de avaliação interna nas distintas fases da avaliação.*

As seguintes premissas, desenvolvidas pela equipe da organização e consultores, orientaram o início dos trabalhos:

- *Um programa pode ser considerado uma comunidade de aprendizagem, criando oportunidade de desenvolvimento organizacional para todos os envolvidos, até mesmo seus financiadores.*
- *Uma avaliação terá mais sentido à medida que contemplar as expectativas e o potencial local de cada projeto apoiado, valorizando-os como interessados primários nos resultados que podem alcançar em sua comunidade.*

- *A avaliação tornar-se-á uma importante ferramenta de gestão organizacional à medida que auxiliar os gestores e os educadores nas decisões estratégicas que devem ser tomadas pela organização com frequência, e poderá, dessa forma, perpetuar-se na dinâmica institucional.*
- *A avaliação é um elemento central nas ações pedagógicas, e tem sido utilizada por gestores e educadores ao longo de sua vida profissional. Entretanto, a realidade mostra que esses atores não têm sido capazes de avaliar, de maneira sistemática e precisa, a maioria das ações dos projetos. O apoio aos projetos precisa valorizar esse aspecto e procurar facilitar a reconstrução da prática avaliativa com base em métodos e ferramentas que confiram ao processo de avaliação e a seus resultados confiabilidade, viabilidade, precisão e ética.*

A adesão ao processo de desenvolvimento de capacidades avaliatórias e execução de avaliações internas foi voluntária. Todos os doze projetos do Programa de Educação Complementar aderiram à iniciativa e avançaram no planejamento e execução das avaliações. Quatro deles não finalizaram a avaliação por diferentes motivos. O processo de apoio às equipes dos projetos constituiu-se em uma oficina inicial para a elaboração dos planos de avaliação e constituição da equipe de avaliação e de encontros demandados pelas organizações para serem apoiadas nos momentos críticos da avaliação (como os de elaboração de instrumentos, análise de dados e elaboração de relatório).

A experiência foi avaliada como muito proveitosa pelas equipes:

> *"Chamamos os pais, fizemos reuniões, criamos questionários... Nós usamos uma série de recursos diferentes do que eram utilizados na organização... não foi uma coisa pronta e até a análise dos projetos dos professores nós pegamos... só o fato de fazermos uma pergunta, você já para pra refletir e já muda...".*

> *"A partir do processo de avaliação, a equipe toda do projeto ficou mais crítica com relação ao projeto, a gente fica com mais atenção nos pontos que a gente tem que trabalhar no dia a dia (informal e formalmente). O exemplo é a reunião de pais que fizemos. Foi mais participativa, para trocar informações sobre as crianças e os projetos eles deram opiniões do que pode ser melhorado."*

"O que a gente mais sentiu de positivo nessas mudanças foi a ampliação do canal de escuta com o usuário, que possibilitou tornar melhor a participação deles..."

Para a organização financiadora um dos principais ganhos foi a aprendizagem de um importante componente da gestão de projetos. Até então a forma de lidar com a maioria de relatórios frágeis vindos das organizações, focados em narrativas de realização de atividades, era o envio de consultores externos para uma coleta direta de informações entre os coordenadores e beneficiários dos projetos. Essa prática trazia poucos benefícios às organizações parceiras. O investimento no desenvolvimento de capacidades avaliatórias das equipes possibilitou que elas mesmas produzissem relatórios de qualidade como fruto de seu desenvolvimento organizacional.

A única desvantagem do modelo proposto para o financiador foi a não padronização dos indicadores, já que cada projeto ficou livre para definir os indicadores mais relevantes ao seu contexto. Para as edições anteriores foram definidos indicadores com base no ideário do programa prevendo aspectos quantitativos e qualitativos que permitiam uma analise de cada projeto em face dos mesmos indicadores. Essa prática permitia gerar informações padronizadas sobre o programa para os distintos veículos de comunicação sobre os resultados do programa (relatório anual, informes aos projetos e relatórios internos).

Caso II – Experiência de aplicação de um modelo híbrido em avaliação

Entre 2006 e 2008 a área de investimento social de um importante banco brasileiro desenvolveu um modelo colaborativo de avaliação que buscava integrar aspectos da avaliação interna e externa.

Esse modelo assegurava o envolvimento da comunidade de parceiros empreendedores de projetos e direcionava investimentos para o desenvolvimento de capacidades avaliativas, tanto desses parceiros como das equipes do banco. Consultores foram contratados para facilitar esse processo e para, em determinados momentos, coletar e analisar dados primários, vindos diretamente das equipes, sobre seus projetos.

Havia no banco um movimento para aplicação de princípios de sustentabilidade que norteassem o trabalho em todas as áreas de negócios, até mesmo no seu investimento social. Para tanto, havia uma preocupação de que fossem criados indicadores com base no tripé ambiental, econômico e social para a avaliação de sua atuação social.

Na primeira etapa dos trabalhos, os consultores fizeram um amplo estudo do portfólio de programas e projetos da área e definiram indicadores de resultados para cada um dos programas. Esses indicadores foram discutidos, revistos e validados com todos os parceiros.

Após o desenvolvimento dos indicadores foram criados macroindicadores ambientais, sociais e econômicos que representavam uma síntese dos indicadores de cada um dos programas. A cadeia de indicadores foi organizada em um sistema de informações via web *que permite o acesso a todos os parceiros em todas as fases da avaliação. Esses elementos são típicos de avaliações externas por permitirem algum grau de controle e padronização.*

Como elementos da avaliação interna, a cada novo ciclo de projetos dos diferentes programas os parceiros recebem uma capacitação em avaliação. Há um primeiro encontro no qual são discutidos princípios e conceitos básicos do tema, apresentados os indicadores utilizados pelo programa na avaliação do ciclo anterior, e os responsáveis pelos projetos são estimulados a elaborar indicadores específicos segundo o seu contexto e necessidade.

O diálogo em torno dos indicadores com os representantes dos projetos inclui negociação e acordos sobre o compromisso de se levantar informações sobre processos e resultados no âmbito dos indicadores do programa e específicos do projeto. Durante a implantação dos projetos são oferecidas oficinas para apoiar a coleta e análise dessas informações. São elas que alimentam periodicamente o sistema eletrônico de informação. Ao final do ciclo do projeto, cada um dos parceiros – incluindo representantes da comunidade – acessa o sistema e avalia o desempenho do projeto nos indicadores aplicáveis.

O sistema de informação transforma os resultados qualitativos em informações numéricas que sintetizam o desempenho dos projetos e programa e do investimento social como um todo nas dimensões ambiental, econômica e social. Essas informações, comunicadas aos interessados internos e parceiros dos programas, são úteis para a tomada de decisão sobre aspectos a serem aprimorados. O modelo congrega os princípios de controle, padronização e também de autonomia.

5. Considerações finais

A instauração de processos de avaliação pode responder a objetivos extremamente diversos, num raio que segue desde as abordagens mais externas sobre a eficiência dos atores na utilização de recursos investidos nos programas e projetos até o desencadeamento de processos reflexivos no interior de suas equipes, voltados à aprendizagem e ao aprimoramento de práticas.

É com base nesses objetivos que os desenhos de avaliação são propostos aos gestores, ou construídos entre a maioria dos envolvidos, ou viabilizados de forma diversa. Em todos eles o avaliador tem um papel essencial na desmistificação da representação da avaliação – que habita o imaginário popular como uma prática de julgamento de inabilidades – e na clara definição dos objetivos que guiarão todas as futuras decisões.

A provocação para que os diversos envolvidos construam suas demandas para o desenvolvimento de um processo avaliatório será provavelmente exaustiva, e fundamental. São elas – as demandas – que possibilitam a implicação desses atores na construção de informações potentes para questionar práticas estabelecidas e aprimorá-las.

Há sempre uma clareza limitada a respeito do que aproxima os sujeitos desse processo e o que os afasta, o que motiva o investimento e o que incita à reclusão. O grau de tolerância à exposição das próprias práticas pode ser maior em organizações onde o erro é efetivamente tomado como uma oportunidade de aprendizagem, mas, ainda assim, é limitado.

Há que se ter clareza da complexidade existente nas organizações, sejam elas quais forem. Desconsiderar o jogo constante entre forças apegadas à tradição ou adeptas do novo é condenar os achados provenientes da avaliação a não ser utilizados, pelo menos não para a melhoria das iniciativas em foco.

Sejam avaliações internas ou externas, a possibilidade de instauração de processos reflexivos está intimamente ligada à criação de um clima de confiança e familiaridade entre os diversos atores participantes. Sendo esse o objetivo, o trabalho nessa direção se torna imprescindível e requisito entre as principais competências de um avaliador, um profissional ou um encarregado desse lugar.

Referências bibliográficas

AÇÃO EDUCATIVA, UNICEF, PNUD, INEP-MEC (coords.). *Indicadores da qualidade na educação*. São Paulo: Ação Educativa, 2004.

DUGAN, M. *Empowerment evaluation and foundations: a matter of perspectives*. W. K. Kellogg Foundation, 2002.

LOVE, J. A. *Internal evaluation – Building organizations from within*. Newbury Park: Sage Publications, 1991.

SCRIVEN, M. *Evaluation thesaurus*. Newbury Park: Sage Publications, 1991.

SEN, A. *Desenvolvimento como liberdade*. São Paulo: Companhia das Letras, 2000.

SKOLITS, J. G.; MORROW, A. J.; e BURR, M. E. "Reconceptualizing evaluator roles", in: *American Journal of Evaluation*. Newbury Park: Sage Publications, 2009, pp. 282-283.

6

A CAUSALIDADE NA AVALIAÇÃO DE PROGRAMAS SOCIAIS: DAS DIVERGÊNCIAS AO CAMINHO VIÁVEL

Thomaz Chianca[1]

Em toda avaliação de impacto de programas sociais, em qualquer área (educação, saúde, meio ambiente, agricultura, empreendedorismo, redução de pobreza etc.), a questão da causalidade é essencial. Ter base para afirmar quais mudanças observadas são resultado de ações desenvolvidas por um programa é indispensável para determinar o quanto ele é bom, valioso e/ou importante. Entretanto, chegar a essas conclusões dispondo de sólida evidência não é tarefa fácil nem mesmo para os mais experientes avaliadores.

A importância da causalidade é senso comum entre os avaliadores. Já a definição dos métodos mais adequados para sua determinação está longe de um consenso. Há uma corrente que defende a posição de que apenas métodos experimentais ou, em poucas ocasiões, quase experimentais, são capazes de produzir as evidências necessárias para determinar causalidade. Em contraposição, há outros que defendem o uso de uma combinação de métodos, incluindo observacionais, para produzir evidências causais.

O presente artigo introduz as principais contradições existentes sobre o assunto e apresenta estratégias concretas para se chegar a conclusões de atribuição causal que sejam práticas e viáveis para aplicação no dia a dia pelos avaliadores.

1. Definições

O *Dicionário Houaiss* (2010) define causalidade como um substantivo feminino que denota "relação entre dois acontecimentos ou estados de

1. Thomaz Chianca, PhD, é avaliador de programas sociais, com 15 anos de experiência em mais de vinte países. Tem doutorado em avaliação pela Universidade de Western Michigan e mestrado em saúde pública pela Universidade da Carolina do Norte. É também cirurgião-dentista da Universidade Federal do Rio de Janeiro, onde atua na pós-graduação e em avaliações internas.

coisas, fatos ou objetos, observada quando o surgimento do primeiro induz, origina ou condiciona a ocorrência do segundo". A importância da discussão sobre causalidade para a humanidade data de tempos remotos. Há quase 2.500 anos, Aristóteles gastou muitas horas pensando e escrevendo sobre o assunto. Ele considerava o estudo das causas uma questão essencial para o conhecimento do Ser e entendimento da existência das coisas (Duclós, s. d.). Aristóteles fez distinção entre "causa acidental", que precede a ocorrência do efeito, e "causa essencial", que pode ocorrer ao mesmo tempo que o efeito como quando um barco aparentemente se movimenta sozinho na areia da praia, quando na verdade ele está sendo empurrado por pescadores posicionados atrás do barco, fora da visão do observador. Ele desenvolveu também uma teoria para explicar o porquê do processo causa-efeito em quatro formas específicas:

I. *causa material*, ou de que é feito, por exemplo: o ser humano é feito de "carne e osso";
II. *causa formal*, ou qual sua forma ou essência, por exemplo: o ser humano é um animal de duas pernas que tem polegar opositor e é capaz de pensar;
III. *causa eficiente*, ou quem o produziu, por exemplo: o ser humano foi produzido por seus pais;
IV. *causa final*, ou qual o propósito, por exemplo: o ser humano foi criado para cumprir sua função de viver "de acordo com a razão" (Kaya, s. d.).

O conceito de causalidade é facilmente entendível pelo ser humano desde seus primeiros anos de vida. O objeto de vidro que se quebra ao ser atirado ao chão pela criança, o sorriso do adulto em resposta a uma gracinha feita por ela, ou a mamadeira trazida após um período de choro, são exemplos claros de como a criança inicia seu aprendizado de que ações realizadas por ela produzem um efeito. Essa aprendizagem vai se tornando mais sofisticada ao longo do tempo. Por exemplo, quando jovens lidam com relações de causa-efeito sobre decepções amorosas ou situações de desigualdades sociais ou de violência, em que os fatores causais envolvidos são muito mais amplos e complexos e, portanto, mais difíceis de identificar. Um nível de complexidade analítica ainda maior é requerido dos avaliadores profissionais quando eles precisam determinar em que medida as ações realizadas por um programa social causaram mudanças para melhor ou pior na vida das pessoas.

Um dos grandes desafios dos estudos de impacto é o de que, quanto mais nos aprofundamos na investigação de causalidade, mais fatores podem ser considerados como possíveis agentes causais. Por exemplo, o fato de uma família pobre estar em melhor condição em termos do atendimento de suas necessidades básicas, como comida, água, moradia, renda, saúde etc., pode ser o resultado não só de sua participação em um programa social desenvolvido por uma ONG. Outros fatores poderiam facilmente ter tido uma influência (maior, igual ou menor) nesse resultado, como:

I. apoio recebido por outros familiares que vivem em lugares mais afluentes;
II. novas oportunidades de emprego para membros da família;
III. acesso a microcrédito rural oferecido por uma outra organização;
IV. melhoria nas condições climáticas que proporcionaram melhores safras de grãos;
V. instalação de rede de água tratada e de saneamento pelo governo local.

Essa lista pode seguir adiante, e identificar o quanto cada um desses fatores influenciou o resultado observado é o trabalho que cabe ao avaliador. Entretanto, como Cano (2002) nos alerta, "a tarefa de eliminar explicações alternativas é árdua e inacabada".

Muitas vezes a dificuldade para realizar uma análise complexa como essa, dentro de limites orçamentários sempre presentes, faz com que vários avaliadores desistam de apresentar qualquer discussão sobre o assunto, deixando para os leitores de seu relatório a decisão sobre se o programa causou o observado. Outros tomam o caminho da dúvida, muito comum na academia, sempre usando linguagem extremamente defensiva, como "há indícios" ou "os resultados sugerem que o programa talvez tenha influenciado tal resultado". Uma terceira opção, ainda menos desejável, é a de fazer afirmações de que o programa causou resultados sem apresentar evidências convincentes dessa relação.

2. Divergências

Datam de várias décadas as sérias divergências entre defensores dos paradigmas "quantitativo" e "qualitativo" na pesquisa avaliativa. Essa situação, aliada à discutível qualidade de avaliações que apresentavam evidências muito fracas para justificar conclusões de relação de causa-efeito, trouxe consequências importantes para o campo. Uma delas foi a criação de um movimento formado por avaliadores que adotam exclusivamente métodos quantitativos em seu trabalho. Esse movimento apoia a ideia de que métodos experimentais são os únicos capazes de excluir de forma competente causas alternativas a fim de produzir evidências sólidas de atribuição causal (Donaldson e Christie, 2005).

Esse movimento está presente há algumas décadas e tem ganhado força desde o início do novo milênio, a partir de decisões de organizações influentes como o Departamento de Educação dos Estados Unidos, que, em 2003, definiu que só financiaria no país estudos avaliativos educacionais que tivessem um desenho experimental[2] ou, caso o primeiro não fosse viável, a realização de quase experimentos[3]. Tal decisão gerou grande controvérsia, especialmente dentro da organização que representa os avaliadores nos Estados Unidos, a Associação Americana de Avaliação (AEA, na sigla em inglês), que conta com aproximadamente 7.000 membros.

A AEA decidiu posicionar-se oficialmente sobre o assunto através da divulgação de uma carta aberta criticando tal decisão, revisada e assinada pelos membros dos comitês executivos da associação para os anos de 2003 e 2004 (American Evaluation Association, 2004). Na carta, a organização indica concordar plenamente com a preocupação do Departamento de Educação em promover a adoção de métodos científicos para determinar a efetividade dos programas por ele apoiados. Porém, discorda contundentemente da afirmação feita por aquele departamento de que métodos avaliativos usando um desenho experimental são os melhores para determinar a efetividade de seus programas. O ponto essencial defendido pela AEA é que os métodos avaliativos devem ser escolhidos pelo avaliador levando em conta as perguntas avaliativas de cada situação. Ou seja, cada caso é um caso, e tem que ser considerado cuidadosamente para saber que método utilizar. Portanto, não há hierarquia entre os métodos; o "padrão-ouro" deve ser a rigorosa aplicação do método selecionado.

---

2. Estudos que tentam controlar todas as variáveis que podem influenciar um resultado de interesse a fim de facilitar a identificação com maior precisão de relações de causa-efeito entre as variáveis, utilizando como estratégia básica a seleção aleatória (por sorteio) de participantes para receber (grupo experimental) ou não (grupo controle) uma intervenção.

3. Estudos que tentam guardar características semelhantes aos estudos experimentais, mas que não conseguem realizar a seleção aleatória (por sorteio) dos participantes para os grupos experimental e controle.

Em contraposição ao posicionamento da AEA, um grupo de renomados avaliadores, também membros daquela associação, fizeram uma carta aberta de apoio à posição do Departamento de Educação americano (Donaldson e Christie, 2005). Eles concordam que experimentos com seleção randômica[4] de participantes são a maneira mais confiável de determinar se um programa conseguiu produzir os efeitos desejados. Argumentam que tais estudos já demonstraram sua utilidade na identificação de programas mais efetivos e baratos para resolver problemas importantes da sociedade. Reconhecem que tal método é inviável ou antiético em algumas situações, quando, por exemplo, não é possível ter um grupo controle (não há participantes em número suficiente para montar dois grupos) ou quando deixar de oferecer um tratamento que sabidamente pode salvar vidas a um determinado grupo é eticamente questionável. Nesses casos específicos, eles recomendam a adoção de métodos quase experimentais.

No campo da cooperação internacional, o posicionamento de apoio ao uso de métodos quantitativos também tem ganhado espaço na última década. A publicação do relatório do grupo de trabalho Evaluation Gap ("lacuna na avaliação"), intitulado "Quando será que vamos aprender? Melhorando vidas através da avaliação de impacto", foi um marco importante (Savedoff et al., 2006). O relatório sugeriu a existência de deficiências importantes nas avaliações de impacto[5] de programas que são apoiados por organizações de cooperação internacional de todo o mundo. Argumentou-se que essas avaliações não apresentavam evidências consistentes sobre em que medida as mudanças observadas podiam ser atribuídas aos programas avaliados. Indicaram também que a questionável qualidade dessas avaliações não possibilitava aos gestores identificar as melhores opções de programas, em termos de custo-efetividade (quais os mais baratos e mais efetivos), a ser adotados por governos ou outras organizações que atuam no campo do desenvolvimento internacional. O texto é concluído com uma convocação aos atores responsáveis pelo setor para contratar ou realizar avaliações mais rigorosas.

4. Seleção aleatória ou por sorteio para participação nos grupos experimental e controle.

5. O grupo de trabalho definiu avaliação de impacto como sendo os estudos que documentam em que medida determinados programas são responsáveis por melhorias sociais em relação ao que poderia ter ocorrido se esses programas não tivessem sido implementados (Savedoff et al., 2006, p. 2).

A criação da Iniciativa Internacional para Avaliação de Impacto (3IE, na sigla em inglês), reunindo fundações, ONGs, instituições governamentais e agências de cooperação bilateral, é outro exemplo importante da influência dessa linha de pensamento na área de cooperação internacional. O 3IE obteve uma doação de vários milhões de dólares da Fundação Gates para promover e financiar a realização de "avaliações científicas" na área da cooperação internacional (segundo o *site* <www.3ieimpact.org>). A quase totalidade das avaliações apoiadas até o momento é de experimentos ou quase experimentos.

O debate está longe do consenso, uma vez que há pontos de profunda divergência, e os avaliadores, que precisam realizar seu trabalho no dia a dia, muitas vezes sentem-se cansados e confusos pelo debate. A boa notícia é que, apesar das divergências, há estratégias práticas viáveis de serem aplicadas pelos avaliadores e que são substantivas para a determinação de causalidade. A seleção das estratégias mais apropriadas deve ser feita para cada situação específica, e a aplicação rigorosa delas é o que determina fundamentalmente a qualidade do trabalho realizado e não a opção por um método específico. O presente trabalho visa trazer alguma luz para os profissionais que estão no campo e que muitas vezes encontram-se em uma posição delicada, que requer a determinação da causalidade, mas os recursos disponíveis ou tempo para realização do estudo são insuficientes. O grande desafio é trazer respostas consistentes e confiáveis dentro dessas limitações. A discussão de estratégias que possibilitem aos avaliadores fazer isso será o foco principal do restante deste texto.

3. Nível de certeza e evidências

Para lidar com a questão da causalidade o avaliador tem que obter respostas para duas questões-chave:

I. Qual o nível de certeza que os clientes e usuários da avaliação precisam ter sobre o quanto o programa que está sob avaliação influenciou as mudanças observadas?

II. Quais os tipos de evidência que estão disponíveis ou que podem ser produzidos para confirmar ou refutar conexões causais entre o programa e os resultados observados?

Infelizmente ainda persiste grande confusão entre o nível de certeza que é requerido em estudos acadêmicos e aquele necessário para orientar a tomada de decisões na vida real. Nos textos acadêmicos fala-se muito frequentemente no nível de 95% de certeza para se determinar a importância do resultado de um estudo. Tal percentual está vinculado à noção do significado estatístico de testes realizados. Essa perspectiva acaba sendo muitas vezes transferida diretamente, de modo equivocado, como padrão para determinar mérito ou importância de um resultado de associação entre duas variáveis (resultados observados e ações do programa) em estudos avaliativos. Já não é de hoje que se tem clareza sobre a diferença entre "significado estatístico" e "significado prático". É fato que se um estudo dispõe de amostra grande o suficiente qualquer diferença aferida entre médias ou percentuais, por menor que seja, será estatisticamente significativa, mesmo que praticamente irrelevante (Chianca, 2001).

Idealmente, seria desejável obter 100% de certeza sobre um assunto antes de tomar uma decisão. Porém, no mundo real, gestores de organizações ou gerentes de programas nos dizem estar prontos para tomarem decisões estratégicas sobre uma intervenção com nível muito menor de certeza. Normalmente, tais decisões precisam ser tomadas dentro de um prazo curto, não dando margem à realização de estudos de longo prazo. Em qualquer avaliação, a principal tarefa do avaliador é apresentar evidências com a maior consistência possível e em tempo hábil para serem úteis na tomada de decisões. Ter clareza sobre o grau de certeza requerido pelos clientes da avaliação é um dos fatores-chave para o avaliador determinar o tipo de combinação de métodos que melhor dará conta da situação em questão. Quanto mais controverso o programa, maior a necessidade de o avaliador utilizar métodos mais complexos e amplos para aumentar o nível de certeza requerido.

Outro aspecto que muitas vezes limita a realização de inferências causais em avaliações é o fato de fazer-se uso de uma única estratégia de estudo: puramente qualitativo ou puramente quantitativo. Por um lado, os estudos exclusivamente qualitativos produzem uma quantidade muito grande de informação que, se não é bem analisada e sintetizada, deixa os tomadores de decisão confusos, sem ter uma ideia dos reais resultados observados que podem ser atribuídos ao programa. Por outro lado, muitas vezes os estudos quantitativos não conseguem ter um número razoável de participantes na amostra, ou não conseguem selecionar aleatoriamente os sujeitos de um experimento, ou não conseguem manipular adequadamente as variáveis a serem analisadas, gerando conclusões muito genéricas que, igualmente, deixam os gerentes e gestores sem uma base sólida para tomarem decisões. Tais limitações para fazer atribuições causais estão, portanto, ligadas a limitações de desenho de estudo, e não propriamente à impossibilidade técnica de se chegar de forma consistente a conclusões sobre atribuições causais.

4. Princípios básicos e estratégias

Para conseguir inferir causalidade há basicamente dois trabalhos essenciais que um avaliador de programas sociais precisa fazer:

I. Encontrar evidências sólidas que vinculem de forma suficientemente convincente, tanto para os apoiadores como para os críticos do programa, um efeito observado (por exemplo: melhorias na vida de pessoas) com a causa de interesse (por exemplo: programa social que está sendo avaliado).

II. Encontrar evidências consistentes que eliminem ou corroborem causas alternativas à causa de interesse (por exemplo: ações realizadas por outras organizações na região do programa sob avaliação); muitas vezes o contexto da avaliação requer que apenas os "principais suspeitos", ou seja, as causas alternativas mais prováveis, sejam eliminados e não todos eles, o que tornaria o processo avaliativo extremamente trabalhoso.

Scriven (2008) desenvolveu um modelo para eliminação sistemática das causas rivais à intervenção que está sendo avaliada que serve como base lógica para muitos dos métodos qualitativos apresentados a seguir. Ele o batizou como Modelo de Eliminação Geral (ou GEM, de General Elimination Model, em inglês). Há três premissas práticas ou passos básicos envolvidos em sua implementação. Inicialmente é necessário criar uma lista de causas possíveis da mudança, resultado ou impacto observados. Essa lista é criada com base em reflexão crítica dos avaliadores sobre o tema, consulta a profissionais experientes no assunto, revisão de literatura apropriada e discussões com os profissionais e com participantes do programa sob avaliação. O segundo passo requer a descrição do *modus operandi* de cada uma das possibilidades de causas listadas. Especificamente, isso significa que o avaliador tem de fazer um levantamento detalhado de como cada uma das causas levantadas poderia promover o resultado observado. O último passo inclui um olhar para as evidências que foram coletadas pelo avaliador para saber se elas se alinham com o *modus operandi* de alguma das causas listadas. Com base na análise crítica e meticulosa de todos esses aspectos, o avaliador deve então eliminar ou não cada uma das possíveis causas incluídas na sua lista inicial, tomando o cuidado de documentar devidamente as evidências que o levaram às conclusões finais sobre o que exatamente contribuiu, e em que medida, para que os resultados observados ocorressem.

Apesar de complexo, se o avaliador adotar uma estratégia sistemática, passo a passo, esse trabalho torna-se perfeitamente gerenciável e viável. Um passo importante para a implementação do GEM tem início ainda no processo de planejamento da avaliação. Nesse momento, o avaliador deve colocar-se na posição do mais ferrenho crítico do programa que ele está avaliando, e perguntar-se: "Quais as principais objeções que seriam feitas por esse crítico em relação às conclusões avaliativas que indiquem que o programa é o principal responsável (causa) por cada um dos possíveis resultados esperados?". O resultado dessa reflexão deve orientar o planejamento do levantamento de dados pelo avaliador a fim de exaurir (dentro do nível de certeza desejado) qualquer dúvida sobre a conexão causal ou não entre o programa e aquele resultado esperado. Essa reflexão deve ser repetida para cada resultado esperado. Para torná-lo mais efetivo e abrangente, esse exercício há de ser realizado também com os clientes da avaliação, que muito provavelmente conhecerão bem os críticos do programa.

É claro que, quanto mais controverso ou politicamente relevante for o programa, maior o número de potenciais adversários. Nesses casos, o avaliador deve esperar maior número de ataques à metodologia da avaliação e, portanto, deve cercar-se de maior cuidado na seleção do tipo e quantidade de evidências a serem consideradas, a fim de preparar-se para apresentar respostas sólidas às críticas que seguramente virão. Um aspecto que o avaliador precisa sempre levar em conta numa avaliação, a fim de fortalecer sua posição, é o de não se tornar refém de um único método de estudo. Cook (1985) e Shadish (1993, pp. 13-57) batizaram essa estratégia de "multiplismo crítico" (*critical multiplism*). Ambos defendem que toda avaliação deve usar um modelo misto de métodos de pesquisa, combinando sempre métodos quantitativos e qualitativos. O uso de múltiplos métodos trará a força necessária para que as conclusões avaliativas possam ser consideradas consistentes pelos principais grupos interessados nos resultados de uma avaliação.

Davidson (2005) descreveu oito métodos para inferir causalidade, que vão desde os mais simples, baseados no senso comum, até os mais complexos, porém igualmente viáveis. A seleção dos métodos a serem utilizados irá depender do nível de complexidade e visibilidade do programa sob avaliação – quanto maior a visibilidade política ou complexidade, mais os avaliadores terão que lançar mão de diversos métodos, com complexidade crescente. Os oito métodos de Davidson são discutidos a seguir.

Perguntar a participantes ou a observadores

A maioria das pessoas que vivenciam uma experiência tem ampla possibilidade de oferecer uma análise confiável sobre quais fatores parecem ter provocado ou influenciado as possíveis mudanças ocorridas em sua vida após a vivência de tal experiência. Um casal de pequenos agricultores rurais do interior do Brasil tem toda a possibilidade de informar o quanto a participação deles em um projeto de redução de pobreza rural desenvolvido por uma ONG os ajudou a melhorar a renda familiar após determinado tempo de participação no programa. Igualmente, são capazes de estimar o quanto a ajuda de outros programas, como o Bolsa-Família, ou de pessoas, como um filho que envia dinheiro todo mês para os pais, contribuiu para a melhoria da renda familiar nesse mesmo período.

Pessoas que acompanham de perto a experiência de outras que estão envolvidas em um programa (como pais, professores, parentes próximos, vizinhos etc.) também encontram-se em uma posição privilegiada para informar se possíveis mudanças observadas são resultado ou não das ações desse programa. Por exemplo, uma professora de Ensino Fundamental que convive diariamente com seus alunos durante todo um ano é provavelmente capaz de informar sobre mudanças observadas (ou ausência delas) em alguns dos alunos depois que eles começaram a participar de um programa de ações complementares à escola desenvolvido por uma fundação local. Nesse exemplo, essa informação por si só não é evidência suficiente de impacto. É necessário, por exemplo, saber dos pais ou responsáveis se a criança participa de outras atividades extraclasse que poderiam estar influenciando o desempenho escolar, como aulas de reforço oferecidas pela igreja. A combinação dessas evidências forma uma base sólida para associar as mudanças observadas na criança com o programa do qual ela participa.

Para coletar esse tipo de informação o avaliador pode adotar duas estratégias: a primeira inclui a obtenção de informações mais gerais sobre como está a situação da pessoa, família ou comunidade no momento da entrevista e de como era a situação antes de o programa ter início naquele local; depois, o avaliador pergunta ao entrevistado acerca dos motivos que influenciaram as possíveis mudanças na situação inicial. Dessa forma o respondente tem a chance de informar todos os fatores que podem ter influído nas mudanças e não somente as ações do programa sob avaliação. Perguntas em aberto desse tipo dão chance ao entrevistado de listar causas que os avaliadores não tinham previsto anteriormente.

Quando não há tempo para usar essa estratégia mais aprofundada e, consequentemente, mais demorada, faz-se necessário perguntar aos entrevistados diretamente sobre sua percepção em relação à questão da causalidade. As perguntas devem girar em torno de:

I. "O quanto sua situação (por exemplo: produção de leite ou venda de vegetais na feira) melhorou como resultado de sua participação no programa?"

II. "Que outras coisas (programas, pessoas) contribuíram para a melhoria da sua situação?"

Para tentar identificar outros possíveis impactos (positivos ou negativos) ocorridos, o avaliador pode perguntar: "Que outras coisas, boas ou ruins, aconteceram com você ou com outra pessoa que você conhece como resultado do programa?".

Há críticos que vão dizer que perguntas com conteúdo causal são tendenciosas e podem influenciar os respondentes ou entrevistados a apresentar um mesmo padrão de resposta em relação ao programa sob avaliação, normalmente mais positivo. Essas críticas têm fundamento, e os avaliadores devem usar toda a técnica para formular boas perguntas tanto em questionários como em roteiros de entrevista. Porém, não adianta enganar-se achando que a maioria dos entrevistados não sabe, desde o princípio, aonde queremos chegar com nossas perguntas. Portanto, fazer muitas perguntas indiretas pode deixar alguns entrevistados inquietos ou mesmo irritados pela demora em chegar à parte que ele sabe ser a mais importante da entrevista ou do questionário. Além disso, por diversas vezes, perguntas incluídas em questionários de pré e pós-testes, que são apenas descritivas (por exemplo: qual a sua renda hoje?, qual a sua produção de leite este ano?), não dão nenhuma chance aos respondentes dizer se outras coisas, além do programa, causaram alguma mudança.

Checar se o conteúdo do programa é consistente com os resultados observados

Nesse caso o avaliador precisa identificar se as mudanças observadas podem ter uma relação lógica e consistente com o conteúdo das ações propostas pelo programa sob avaliação. Por exemplo, tomemos um programa que vise, entre outras coisas, melhorar a frequência escolar e as notas dos alunos através do oferecimento de uma capacitação especial para os professores. Um dos trabalhos do avaliador seria o de identificar em que medida os professores que alcançaram uma melhoria tanto na frequência quanto nas notas dos alunos, depois de um ou dois anos de implantação do programa, utilizaram as estratégias preconizadas pelo programa. Algumas estratégias para coletar esse tipo de informação incluem necessariamente perguntas diretas aos professores e coleta de evidências de que os métodos ensinados nas capacitações, como planos de aulas, exercícios realizados e relatórios de encontros com pais ou de atividades lúdicas extraclasse, foram efetivamente utilizados/aplicados pelos professores.

É igualmente importante coletar evidências de contraexemplos para a hipótese de o programa não ter sido o principal causador da mudança observada. No exemplo usado acima, o avaliador busca saber se o professor utilizou outras estratégias que não as que foram ensinadas pelo programa para conseguir dos alunos maior frequência e interesse em tirar melhores notas. Nesse caso é essencial o avaliador identificar onde ou quem ensinou esses professores a obter sucesso. Vale lembrar que a existência de outras causas para os resultados observados não são um demérito para o programa; indicam apenas que houve outros fatores que influenciaram o resultado. A não ser que haja vários casos em que professores só fizeram uso de outras estratégias para alcançar resultados positivos e os professores que só usaram os métodos ensinados pelo programa conseguiram resultados pífios. Esse seria um caso claro de falha do programa, que requereria uma reavaliação das estratégias trabalhadas.

Procurar por outras pistas específicas que levem a uma causa

Esse método diz respeito à adoção de estratégias utilizadas pelos investigadores criminais, que buscam pistas específicas que levam a uma causa e/ou culpado de um crime. A ideia é analisar as provas/evidências nas duas direções da cadeia de causa-efeito, ou seja, ao observar um efeito específico, buscar todo o caminho que levou àquele efeito, tentando chegar às causas; e vice-versa, ao analisar uma causa (programa social), o avaliador deveria buscar os efeitos esperados que têm "a marca" daquele tipo de programa.

Tomemos como exemplo um programa para melhorar a capacidade de operação das cooperativas de artesãos. A principal estratégia de intervenção inclui a capacitação de representantes de cooperativas na gestão dos recursos das entidades, incluindo arrecadação de contribuições, compra de mercadoria, estoque, poupança, preparação de produtos para venda etc. Para ser efetiva, a capacitação oferecida foca também na mudança de atitude individual de cada profissional sendo capacitado (mudança no coletivo só ocorre se houver mudança no indivíduo).

Assim, melhorias na operação das cooperativas, se efetivamente causadas pelo programa, deveriam também vir acompanhadas de mudanças nos representantes das cooperativas que participaram da capacitação. Portanto, o avaliador, como parte de sua investigação causal, deveria procurar também por mudanças na maneira como os representantes gerenciam suas contas pessoais ou familiares. Provavelmente, pelo grau de engajamento da capacitação oferecida pelo programa, o avaliador também perceberá traços de mudanças na forma como outros membros da cooperativa operam seus recursos pessoais e familiares. Se essas mudanças no nível individual não forem observadas, é muito provável então que outros fatores, além das estratégias do programa, influenciaram as mudanças observadas no nível geral. Este método foi proposto por Scriven (1991) e batizado como método "*modus operandi*".

Checar se o momento em que o resultado ocorreu (*timing*) é consistente com as ações realizadas pelo programa

A não ser em casos de premonição, nos quais a causa (fato previsto no futuro) ocorre depois que o efeito (premonição), em todos os casos relevantes para avaliadores profissionais os efeitos de um programa ocorrem depois ou, em menor frequência, concomitantemente à implementação de suas ações. Dependendo do tipo de resultado, de curto, médio ou longo prazo, há uma lógica clara de quando, no ciclo de vida de um programa, tais resultados deverão ocorrer.

Para explicar esse método em seu livro, Davidson (2005) usou o exemplo de um programa de promoção de saúde baseado na orientação de dieta e de fomento de exercícios físicos. Nesse tipo de programa espera-se que a cadeia de resultados ocorra mais ou menos da seguinte forma:

I. durante ou imediatamente após a realização das capacitações, espera-se que haja aumento no conhecimento por parte do público-alvo do programa sobre melhor dieta e exercícios físicos mais apropriados;
II. dias ou semanas após as capacitações, faria sentido observar melhorias concretas nos hábitos alimentares e na frequência/intensidade de exercícios físicos realizados pelos participantes;
III. várias semanas ou meses após as capacitações, mudanças positivas nos indicadores de saúde dos participantes, incluindo peso, colesterol, e pressão arterial, são possíveis;
IV. só após alguns ou vários anos poderiam se esperar melhorias nas estatísticas de saúde da comunidade, incluindo menos pessoas com diabetes ou problemas cardíacos e aumento da expectativa de vida da população.

Há três maneiras de essa informação ser usada pelo avaliador no processo de estabelecimento de relação causal entre o programa e o(s) resultado(s) observado(s). Primeiramente, deve-se checar se o resultado observado não ocorreu "fora de hora", ou seja, antes de o programa ter sido iniciado ou irrealisticamente logo após o início das atividades do programa.

Em segundo lugar, deve-se considerar se outra causa poderia ter ocorrido ao mesmo tempo que explicasse tal mudança. Continuando o exemplo usado anteriormente, esse aspecto seria importante no caso de os participantes do programa terem recebido do governo federal uma cartilha com vídeos/DVDs sobre a importância da dieta e dos exercícios físicos para a saúde da pessoa. O trabalho do avaliador seria o de identificar exatamente quando esse material educativo foi recebido, se as pessoas os leram/viram e utilizaram, e pesar o quanto o material ajudou as pessoas a aumentarem seu conhecimento e a mudar de atitude diante da alimentação e dos exercícios físicos em comparação com os benefícios do programa sob avaliação.

Finalmente, o avaliador tem que checar se os resultados ocorrem numa sequência lógica esperada. Recorrendo novamente ao exemplo usado, checar se efeitos esperados mais para o final da "cadeia de resultados", como melhorias nos níveis de colesterol ou pressão arterial dos participantes, não estão ocorrendo prematuramente, por exemplo, antes de os participantes relatarem mudanças em suas dietas ou frequência de exercícios físicos. Se isso ocorresse, seria um indicativo de que o programa pode não ter sido a principal causa das mudanças observadas nos indicadores de saúde dos participantes.

Checar se a "dose" está proporcional ao "efeito"

A ideia de dose-efeito está ligada à máxima da pesquisa no campo farmacêutico de que, "quanto maior a dose de um medicamento, maior seu efeito, até um determinado ponto". Fazendo um paralelo com avaliação de programas sociais, parte-se do princípio de que, quanto melhor implementado um programa for, melhores serão os resultados que ele poderá causar. O exercício do avaliador para aplicação desse método inclui estudar com profundidade o processo de implantação de um programa para compará-lo com os resultados que foram observados. Esse método é mais aplicável e útil quando o programa sob análise é desenvolvido em vários locais diferentes ao mesmo tempo, uma vez que permite comparações do grau de fidelidade na implementação do programa nos diferentes locais.

É mais comum do que se gostaria que fosse que um programa não seja implantado da forma como deveria sê-lo. Trata-se aqui de desvios mais significativos em relação ao planejado e não aos pequenos ajustes que são sempre necessários fazer por questões contextuais na implantação de qualquer programa. Nesses casos, se os achados da avaliação indicam que nos locais onde o programa foi implantado corretamente ("dose maior") há bons resultados ("efeito maior") e onde o mesmo programa não foi implantado adequadamente ("dose menor") os resultados são ruins ("efeito menor"), então dispõe-se de boa evidência de que o programa pode ter causado os resultados observados. Se o contrário for identificado pelo avaliador, ou seja, onde o programa foi implantado plenamente os resultados são marginalmente melhores, iguais ou piores do que nos locais onde o programa foi implantado de forma muito diferente, ou mesmo não implantado, então a relação causa-efeito entre o programa e os resultados não pode ser considerada forte.

Para fins ilustrativos da aplicação desse método, levemos em conta um programa de eliminação do trabalho infantil no Nordeste do Brasil que esteja sendo implantado em quatro municípios diferentes. Suponhamos que entre as estratégias principais desse programa haja:

I. oferecimento de compensação financeira às famílias que mantiverem seus filhos na escola;
II. criação de central telefônica para receber e repassar às autoridades denúncias anônimas de trabalho infantil;
III. aumento da fiscalização pelo poder público do trabalho infantil familiar ou em empresas da região.

Suponhamos que em dois municípios o programa foi implantado de maneira plena, ou seja, todas as três estratégias foram estabelecidas com sucesso e funcionaram sem maiores problemas durante todo o programa. Nos outros dois municípios, pelo menos uma das estratégias não foi implementada de maneira correta por diferentes razões, como a falta de apoio da prefeitura local para contratar mais fiscais ou entraves burocráticos para repasse da compensação financeira às famílias. Uma avaliação ao final de três anos de implantação do programa indica que nos dois municípios que implantaram o programa plenamente houve uma redução significativa do número de casos de trabalho infantil ("dose maior – efeito maior"), ao passo que nos dois outros municípios a redução foi bem menor ("dose menor – efeito menor"). Esse achado seria uma evidência importante, sustentando a ideia de que o programa tem grandes chances de ter causado a redução do trabalho infantil. Se os achados da avaliação fossem diferentes, ou seja, mostrassem que a redução do trabalho infantil nos dois municípios que tiveram a implantação plena do programa foi pouco maior, igual ou até menor do que nos dois municípios que não o implantaram adequadamente, então não se teria evidência forte de que o programa foi a principal causa da redução observada.

É importante levar em conta que muitas vezes não há uma relação linear entre a dose e a resposta. Não raramente pode ser que haja um "efeito máximo" (*ceiling effect*) na dose, ou seja, chega-se a uma dose a partir da qual não se produz efeitos adicionais. Se a dose for aumentada, o efeito permanecerá constante ou mesmo poderá ocorrer uma piora na situação. Um exemplo simples dessa situação é o número de livros que uma professora deve requerer como leitura extracurricular por ano antes que os alunos comecem a desenvolver uma reação inversa (aversão à leitura) ao efeito esperado (criar o hábito prazeroso da leitura).

Comparar com grupo controle ou comparativo

Nesse método, puramente quantitativo, a opção prioritária é pela utilização de desenhos experimentais para definição de relações causais. O objetivo é comparar o resultado de um programa com base no estudo de dois grupos de participantes que são escolhidos aleatoriamente (ao acaso) para receberem (grupo experimental) ou não (grupo controle)[6] a intervenção. Esse método busca controlar da maneira mais rigorosa possível todas as principais variáveis que podem causar ou influenciar a ocorrência de um resultado/impacto esperado.

Para garantir que um experimento funcione, além das questões éticas, pelo menos quatro pré-requisitos precisam ser estritamente observados:

a) *A seleção aleatória de participantes deve ser feita de maneira correta.* Por questões de viabilidade (econômica, de tempo), estudos experimentais, em sua quase totalidade, são realizados envolvendo uma parcela ou amostra da população que se deseja estudar. Sempre há, entretanto, o interesse de que os resultados desses estudos sejam aplicáveis ou generalizáveis para a totalidade da população que se está estudando. Para atingir esse objetivo é necessário que as amostras selecionadas sejam probabilísticas. Isso implica que cada membro da população ou unidade de análise (indivíduo, grupo, organização, região geográfica, escola, unidade de saúde, igreja etc.) tem uma chance maior do que zero e conhecida (devidamente determinada pelo avaliador ou estatístico) de ser selecionado para participar do estudo, seja

6. Por questões éticas, mais recentemente, os grupos controles são positivos, ou seja, seus membros recebem algum tipo de benefício, normalmente uma versão diferente do mesmo programa ou outro programa com efeitos conhecidos. Outra estratégia bastante utilizada é o retardo do oferecimento dos serviços para parte da população, utilizando assim o grupo que vai receber as ações do programa no futuro como controle.

para receber a intervenção, seja para não recebê-la. Há basicamente três estratégias de seleção aleatória: simples, estratificada e de *cluster*[7]. Na seleção **aleatória simples** é feito um sorteio direto a partir da listagem que contém todos os membros da população que se deseja estudar. Para isso podem ser usados programas estatísticos que gerem automaticamente listas aleatórias de participantes a partir de um banco de dados eletrônico ou, numa população relativamente pequena, podem ser usados métodos simples como escrever o nome de todos os participantes em papéis de mesmo tamanho, textura e cor, dobrados da mesma forma, colocados dentro de um chapéu (ou saco), devidamente misturados, e escolhidos ao acaso por uma pessoa que não tenha participado da confecção dos papéis. A seleção **aleatória estratificada** é útil quando há grupos minoritários dentro da população a ser estudada que são importantes de serem incluídos no estudo, mas que, por constituir número relativamente reduzido, podem ficar de fora da amostra caso seja feita uma seleção aleatória simples. Por exemplo, em uma avaliação dos serviços oferecidos por empresas de transporte, é essencial incluir na amostra pessoas que possuam alguma deficiência física, uma vez que elas têm necessidades diferentes da população normal. Como o número de pessoas portadoras de deficiência física é relativamente pequeno em relação à população geral, se fosse feita uma seleção aleatória simples, é bem provável que não se teria um número mínimo de deficientes representado na amostra. A seleção **aleatória por *clusters*** envolve a seleção de grupos, e não de casos individuais. Por exemplo, em vez de selecionar aleatoriamente alunos, escolas são selecionadas para fazer parte da amostra. Esse tipo de amostragem é útil quando a coleta de dados requer entrevistas individuais ou observações diretas. A seleção de grupos aumenta em muito a eficiência dessa coleta, uma vez que diminui a quantidade de locais que precisam ser visitados pelo avaliador.

b) *O tamanho da amostra tem que ser adequado*. Há vários fatores que influenciam a determinação do tamanho ideal de uma amostra:

I. O propósito da avaliação é o primeiro que deve ser determinado. Para estudos exploratórios que visam, por exemplo, entender melhor o potencial de uma intervenção nova e que não têm muito interesse

7. Termo em inglês, sem tradução para o português, que significa "agrupamento" ou "aglomeração".

em generalizar esses achados para uma população mais ampla, o tamanho da amostra pode ser menor. Já para estudos que buscam testar hipóteses sobre os efeitos de um programa e generalizar esses achados para a população geral sob estudo, o tamanho da amostra tem que ser significativamente maior.

II. Se o grau de confiabilidade do instrumento usado para medir o efeito esperado é baixo, a variabilidade da medição do efeito irá aumentar e, consequentemente, o tamanho da amostra terá que ser aumentado. Quanto maior a confiabilidade do instrumento, menor o tamanho da amostra.

III. Se o desenho do estudo for mais sofisticado, incluindo variáveis intervenientes (mediadores) que contribuem para diminuir a variância da medição, então o tamanho da amostra necessário para se chegar a conclusões que têm alto poder estatístico será menor.

IV. O risco de perda de participantes durante a realização do estudo (*dropouts*) também influencia o tamanho da amostra; quanto maior o risco, maior a necessidade de aumentar o tamanho da amostra.

V. Para estudos longitudinais (que duram vários anos), deve-se considerar a probabilidade de mudanças do tamanho e características da população ao longo do estudo. Caso haja evidência de que a população vá aumentar, então uma amostra maior deverá ser selecionada.

VI. O tamanho do efeito (*effect size*) da intervenção irá também influenciar a definição do tamanho de uma amostra. Quanto maior o tamanho do efeito esperado, maior o poder estatístico do estudo, ou seja, mais fácil será a identificação do efeito da intervenção na população; portanto, uma amostra menor pode ser selecionada. Calcular com precisão o tamanho ideal de uma amostra probabilística é tarefa complexa que inclui pelo menos sete passos específicos, que requerem o trabalho de um profissional devidamente capacitado, normalmente um estatístico. Para mais informações sobre como calcular o tamanho ideal de uma amostra, consultar Bamberger, Rugh e Mabry (2006, pp. 344-349).

c) *Deve-se tomar cuidados específicos para identificar precocemente e evitar a atrição seletiva.* Atrição diz respeito à perda de membros da amostra selecionada no meio do caminho, seja por desistência, seja por mudança de local de residência, problemas políticos, entre outros. Esse é um problema comum, principalmente em estudos de longa duração e para o qual se faz necessário estar atento o tempo todo. Perda sistemática de participantes pertencentes a um grupo específico da população do estudo é conhecida como "atrição seletiva". Exemplos comuns de atrição seletiva incluem:

I. saída de membros do grupo controle que perdem o interesse de continuar participando por sentirem que não estão recebendo nenhum benefício do estudo;
II. perda de pessoas mais pobres ou subempregadas que precisam mudar de domicílio com alta frequência.

O avaliador precisa estar muito atento para identificar o mais cedo possível problemas de atrição seletiva e tomar iniciativa para evitar que eles continuem a ocorrer. Conhecer com profundidade as características da população a ser estudada é o primeiro e fundamental passo para fazer um bom planejamento a fim de evitar ou remediar tais problemas, antes que eles tornem o estudo inválido.

d) *Controlar o vazamento de informação entre os participantes dos grupos experimental e controle (leakage).* Em estudos de longa duração, em que os participantes do grupo controle têm algum acesso ou contato com os participantes do grupo experimental, é comum que os primeiros tenham conhecimento sobre partes ou mesmo sobre todos os componentes da intervenção que está sendo implementada. Dessa forma, os membros do grupo controle podem tender a alterar seu comportamento ou mesmo tentar implantar partes ou uma versão similar do que está sendo realizado com o grupo experimental a fim de também se beneficiar. Caso isso ocorra, há risco sério de comprometimento da validade do estudo pela "contaminação" do grupo controle. Uma vez mais, o conhecimento profundo da população sob estudo e um planejamento bem feito, que evite a ocorrência de troca de informação entre membros dos grupos experimental e controle, pode minimizar a probabilidade de ocorrência desse problema.

No caso da impossibilidade de se realizar uma seleção aleatória dos participantes para os grupos experimental e controle, estudos quase experimentais são os métodos de escolha para os estudos quantitativos, já que são os que mais se assemelham ao desenho experimental. Nesse caso os avaliadores têm que identificar um grupo comparativo que tenha características semelhantes à do grupo que participará do programa sob avaliação. Quanto melhor o processo de seleção do grupo comparativo, menores as chances de ocorrência de explicações causais "rivais", ou seja, menor será a probabilidade de membros do grupo comparativo terem características fundamentais (por exemplo: etnia, gênero, situação socioeconômica, nível educacional etc.) diferentes das dos membros do grupo experimental. Caso isso ocorra, deixará margem para que possíveis diferenças identificadas entre os grupos ao final do estudo sejam fruto, na verdade, de diferenças fundamentais entre os grupos, e não resultado das ações implementadas pelo programa.

Há vários detalhes dos desenhos experimentais e quase experimentais que devem ser tratados com cuidado pelos avaliadores no caso de haver a necessidade de utilizar um desses métodos. Há diversos recursos tanto *on-line* quanto na literatura impressa que podem ajudar no desenho adequado desses estudos. Porém, é aconselhável que a equipe de avaliação tenha profissionais com experiência no assunto a fim de evitar erros comuns que podem comprometer a qualidade e validade dos resultados desses estudos.

Controlar estatisticamente variáveis estranhas

Na análise de dados de estudos experimentais e quase experimentais é possível controlar certas variáveis (características dos participantes ou mesmo do contexto) que podem estar associadas com os efeitos de um programa, além das ações que foram implementadas pelo programa. Por não estarem relacionadas diretamente com as ações desenvolvidas pela intervenção sob estudo, mas poderem influenciar os resultados esperados, essas são denominadas "variáveis estranhas". Essa manipulação estatística é muito importante principalmente para os casos em que o grupo controle ou comparativo não foram perfeitamente selecionados. Há formas simples de controle dessas variáveis, que podem incluir a comparação entre dados disponíveis sobre os grupos sendo comparados, antes de o programa ter início. O objetivo é identificar se havia alguma diferença importante entre os grupos antes de o programa começar suas ações que possa explicar uma possível diferença nas variáveis de interesse entre os grupos.

Por exemplo, consideremos um programa que tenha como objetivo principal desenvolver a capacidade empreendedora de jovens, mulheres e pessoas com deficiência física. Suponhamos que em uma avaliação desse programa, utilizando um desenho quase experimental com grupo comparativo (isto é, sem seleção aleatória), identificou-se que membros do grupo que participou das capacitações oferecidas pelo programa (grupo experimental) conseguiram iniciar negócios próprios em uma proporção muito maior do que os que não participaram (grupo controle). Para poder afirmar com alguma certeza que o programa influenciou de forma significativa o resultado observado, um dos aspectos que precisariam ser estudados com cuidado é a possibilidade de que características específicas preexistentes nos membros do grupo experimental tenham sido a verdadeira causa da mudança, e não o programa em si.

Poderia ser o caso, por exemplo, de as pessoas que participaram das capacitações já terem tido experiência anterior de começar um negócio próprio e por isso já estariam muito mais estimuladas e preparadas para dar início a um novo negócio do que as que compõem o grupo controle. Para dirimir essa dúvida, o avaliador teria de coletar dados consistentes sobre essa "variável estranha" (experiência passada de criação de negócios próprios) entre os membros de ambos os grupos.

Em estudos mais amplos que envolvam levantamentos de dados entre as grandes amostras normalmente são utilizadas metodologias mais sofisticadas, como a análise de regressão múltipla, para controlar estatisticamente o maior número possível dessas variáveis, estranhas. Na regressão múltipla é feito um pareamento dos participantes (isto é, indivíduos, escolas, grupos etc.) em relação a diferentes variáveis, como idade, gênero, condição socioeconômica e grau de escolaridade. O objetivo é determinar se, após controlar essas variáveis, ainda assim uma diferença significativa continua existindo entre os dois grupos em relação às variáveis de interesse (por exemplo: número de pessoas que iniciaram novos negócios próprios ou proporção de crianças que estão indo à escola). Caso, após o pareamento estatístico, a diferença entre os grupos permaneça significativa, há bons indícios de que o programa está realmente contribuindo para a diferença encontrada. Entretanto, se a diferença deixar de ser significativa, então pode-se afirmar que o aumento da criação de novos negócios ou da frequência escolar pode ser determinado mais por características das famílias, por exemplo, do que pelo programa em si.

Caso o avaliador não possua expertise específica para realizar tais análises, é importante que ele componha a equipe com um profissional que possa ajudá-lo a desenhar de forma adequada esses estudos e analisar os resultados aproveitando ao máximo as diversas ferramentas disponíveis nos programas estatísticos.

Identificar e checar mecanismos causais subjacentes

O último método mencionado por Davidson (2005) é também baseado no senso comum e inclui a identificação e descrição de mecanismos subjacentes ou implícitos que expliquem como o programa funciona e que ajudem a apoiar ou não inferências causais. Um exemplo clássico de uso de mecanismos subjacentes para determinar uma causalidade é a relação entre tabagismo e câncer. Por muitos anos achava-se que a relação entre essas duas variáveis era apenas correlacional, ou seja, sabia-se que em comunidades onde havia um maior número de fumantes havia maior prevalência de câncer. Porém, quando pesquisas científicas identificaram que várias substâncias comprovadamente carcinogênicas estavam presentes na fumaça do cigarro (mecanismo subjacente), ficou difícil negar a não existência de uma relação causal entre tabagismo e câncer.

Modelos Lógicos (MLs) de programas são usados como estratégia importante para a definição de mecanismos subjacentes que podem ajudar a estabelecer uma relação de causa-efeito entre um programa e mudanças observadas. MLs são uma representação gráfica de teorias que tentam estabelecer conexões plausíveis entre recursos empregados, ações desenvolvidas e resultados esperados de curto, médio e longo prazos de um programa. Para que um ML tenha validade e credibilidade, é preciso envolver no seu desenvolvimento profissionais que tenham conhecimento aprofundado e atualizado, tanto sobre a teoria quanto sobre a prática do tema tratado pelo programa.

O exemplo utilizado por Davidson (2005) para ilustrar a aplicação desse método incluiu um programa de facilitação de aprendizagem em equipe. Consultores externos foram trazidos para facilitar atividades de aprendizagem em equipe entre todos os funcionários de uma organização. Ao final de quatro meses, a organização apresentou um aumento importante de produtividade, e os gerentes ficaram interessados em saber se o programa realizado foi o principal causador do aumento ou se houve outros fatores mais importantes para a obtenção desse resultado.

O esquema da página seguinte representa o ML desenvolvido pela autora. A primeira linha apresenta uma cadeia de conexões lógicas de como a realização do processo de facilitação da aprendizagem em equipe poderia causar um aumento de produtividade da organização. Como mostra o modelo, para que isso pudesse ocorrer, necessariamente dois resultados intermediários entre os funcionários teriam que ter ocorrido: aumento de suas habilidades em pesquisa e no engajamento em diálogos críticos e, como consequência disso, identificação de oportunidades para implementar melhorias em suas áreas de trabalho. A segunda linha do ML apresenta um importante fator de contexto: ter um ambiente de trabalho que apoia o funcionário, que necessariamente precisaria estar presente para que essas mudanças pudessem ocorrer.

Esquema – Modelo Lógico

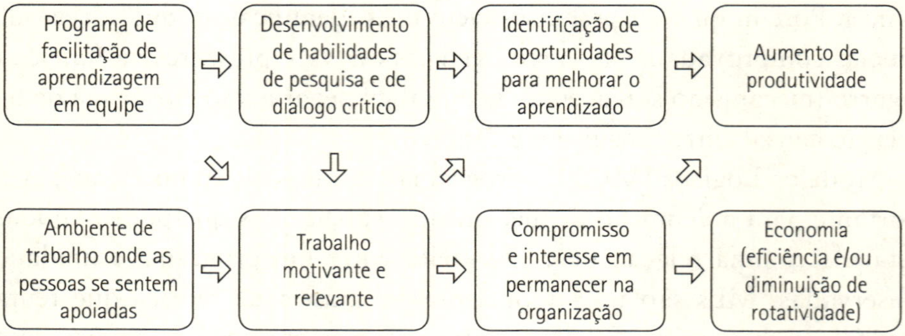

Além de desenvolver ou ajudar no desenvolvimento do ML, sempre com o apoio de profissionais com experiência no assunto e com consulta de literatura mais atualizada, o trabalho do avaliador inclui também a busca de evidências que possam apoiar ou refutar a conexão causal entre o programa e o resultado esperado. Nesse exemplo, o avaliador teria que identificar pelo menos três evidências-chave:

I. funcionários aumentaram ou não sua capacidade de pesquisa e de engajamento em diálogos críticos;
II. funcionários ficaram ou não motivados para se tornarem mais produtivos;
III. funcionários atribuem o aumento de sua produtividade ao que aprenderam no programa e não a outro fator, como um novo sistema de incentivo à produtividade criado recentemente.

5. Definindo a melhor combinação de métodos

A pergunta-chave agora é saber como escolher os métodos que melhor darão conta das inferências causais que o avaliador precisa fazer. Como já mencionado anteriormente, algumas vezes a avaliação é pouco polêmica e requer um nível de certeza menor para estabelecimento de relação causa-efeito. Em outras instâncias, quando a avaliação lida com um programa num tema polêmico, ou que seja desenvolvido por um grupo (por exemplo: governo) que tenha muitos opositores, ou que vá resultar em decisões que irão afetar muitas pessoas ou envolver altas somas de recursos, ou qualquer outro aspecto que o torne de alta visibilidade, então o nível de certeza a ser buscado é alto e o avaliador precisa cercar-se de todos os mecanismos disponíveis para que possa defender com clareza e firmeza suas conclusões avaliativas.

Como já mencionado, a melhor estratégia a ser adotada sempre é a de analisar cada caso colocando-se na posição do crítico mais ferrenho do programa para identificar quais as hipóteses alternativas causais que poderão ser levantadas por ele para atacar suas conclusões avaliativas. A partir daí deve-se escolher que métodos, entre os oito listados anteriormente, são os mais apropriados para confirmá-las ou excluí-las, uma a uma. Como sempre existe limitação de recursos, é importante que o avaliador pense em termos de custo efetividade na seleção dos métodos, ou seja, deve escolher os que conseguirão prover com qualidade o nível de certeza que o contexto da avaliação requer e pelo menor custo possível.

A busca por evidências para confirmar ou negar as inferências causais é que as farão mais consistentes e, portanto, mais convincentes. Esse processo deve ser repetido para cada um dos resultados esperados, até que todos sejam examinados com o devido cuidado. É importante ter em mente, entretanto, que o avaliador não tem o compromisso de eliminar todas as hipóteses rivais e confirmar que apenas o programa causou os resultados observados. A grande questão que o avaliador precisa responder é se há evidências consistentes de que o programa, por si só ou em associação com outros fatores, teve um impacto significativo em termos práticos e não necessariamente estatísticos sobre o problema que estava sendo trabalhado, justificando assim os investimentos realizados.

Referências bibliográficas

AMERICAN EVALUATION ASSOCIATION. "American Evaluation Association response to U. S. Department of Education notice of proposed priority", in: Federal Register RIN 1890-ZA00, novembro 4, 2003, Scientifically Based Evaluation Methods. Disponível em <www.eval.org/doestatement.htm>. Acessado em 6/8/2011.

BAMBERGER, M.; RUGH, J.; e MABRY, L. *Real world evaluation: working under budget, time, data, and political constraints*. Thousand Oaks: Sage, 2006.

CANO, I. *Introdução à avaliação de programas sociais*. 2ª ed. Rio de Janeiro: FGV, 2004. Coleção FGV Prática.

CHIANCA, T.; MARINO, E.; e SCHIESARI, L. *Desenvolvendo a cultura de avaliação em organizações da sociedade civil*. São Paulo: Global, 2001.

COOK, T. "Postpositivist critical multiplism", in: SHOTLAND, L.; e MARK, M. M. (eds.). *Social science and social policy*. Newbury Park: Sage, 1985.

DAVIDSON, E. J. "Ascertaining causality in theory-based evaluation", in: ROGERS, P.; HACSI, T.; PETROSINO, A.; e HUEBNER, T. (eds.). *New directions for evaluation*. Program theory in evaluation: challenges and opportunities. San Francisco: Jossey-Bass, nº 87, 2000, pp. 17-26.

—. *Evaluation methodology basics: the nuts and bolts of sound evaluation*. Thousand Oaks: Sage, 2005.

DONALDSON, S.; e CHRISTIE, C. "The 2004 Claremont Debate: Lipsey vs. Scriven – Determining causality in program evaluation and applied research: Should experimental evidence be the gold standard?". *Journal of MultiDisciplinary Evaluation*, v. 2, nº 3, 2005, pp. 60-77. Disponível em <www.jmde.com>.

DUCLÓS, M. "Metafísica de Aristóteles: o ser se diz de vários modos", s. d. Disponível em <www.consciencia.org/aristoteles_metafisica.shtml>. Acessado em 7/9/2011. Dissertação acadêmica submetida à FFLCH-USP.

KAYA, S. (ed.). *Philosophy professor: Aristotle (384-322 BC)*. Disponível em <www.philosophyprofessor.com/philosophers/aristotle.php>. Acessado em 7/9/2011.

SAVEDOFF, W. et al. *When we will ever learn: improving lives through impact evaluations*. Report from the Evaluation Gap Group. Washington: Center for Global Development, 2006.

SCRIVEN, M. *Evaluation thesaurus*. 4ª ed. Newbury Park: Sage, 1991.

—. "A summative evaluation of RCT methodology e an alternative approach to causal research". *Journal of MultiDisciplinary Evaluation*. [*On-line*] 5, 2008, p. 9. Disponível em <survey.ate.wmich.edu/jmde/index.php/jmde_1/article/view/160/186>. Acessado em 7/9/2011.

SHADISH, W. "Critical multiplism: a research strategy and its attendant tactics", in: SECHREST, L. (ed.). "Program evaluation: a pluralistic enterprise". *New Directions in Program Evaluation*. San Francisco, CA: Jossey-Bass, nº 60, 1993, pp. 13-57.

7

AVALIAÇÃO E SISTEMATIZAÇÃO DE EXPERIÊNCIAS

Cristina Meirelles[1]

> Caramujos ajudam as árvores a crescer.
>
> Manoel de Barros

Este texto busca refletir as relações entre a avaliação e a sistematização de experiências sociais e sumarizar os fundamentos e momentos principais da prática da sistematização. De fato, esse é um tema sempre presente em processos de formação de profissionais nessas temáticas e, cada vez mais, entre os atores sociais engajados na reflexão sobre suas práticas: quais as diferenças entre avaliação e sistematização, qual caminho priorizar, quais os critérios possíveis para a escolha entre um e outro processo.

Considerando a sistematização de experiências como um processo de reflexão e construção de conhecimento sobre (e a partir de) a prática social, acreditamos que as respostas para essas questões ganham amplitude e sentido quando acrescidas de outras, como: a qual conhecimento nos referimos? Quais as bases epistemológicas que aproximam ou separam as diferentes práticas? Como o conhecimento se constrói na prática social? E, por fim, sempre presente: qual o lugar do conhecimento na transformação social?

1. Cristina Meirelles é socióloga graduada na Universidade de Paris I Sorbone e mestre em educação pela PUC-SP, atua nas áreas social e educacional desde 1990, em organizações públicas e privadas de diversas regiões do Brasil. É diretora presidente e fundadora da CASA7 – Memórias e Aprendizagens, uma organização sem fins lucrativos, fundada em 2006, com o objetivo de contribuir para o fortalecimento da prática social pela via da produção e articulação do conhecimento que dela deriva.

1. Terrenos e contornos

Prática social e conhecimento

Quando nos engajamos em processos de reflexão sobre a prática social, seja pela via da avaliação, da sistematização de experiências, da pesquisa social, entre outros possíveis, estamos de saída partindo da consideração ao fato de que as experiências sociais – tanto as próprias quanto as de outros atores – são fontes de aprendizagem. Em outras palavras, independentemente dos contornos específicos e sentidos próprios que cada uma dessas expressões assuma na prática, encontram-se igualmente no terreno do *conhecimento*. Entretanto, ao relacionarmos prática social com conhecimento, precisamos refletir os sentidos que estamos dando a essa relação.

Enquanto a investigação social preocupa-se principalmente com a construção do conhecimento científico e estrutura-se com base em seus pressupostos e procedimentos, e a trajetória da avaliação situa-se na esteira do método científico, com objetos de estudo amplos, para além da prática social, a sistematização de experiências preocupa-se com o conhecimento social, prático, derivado da experiência concreta dos atores sociais. Assumimos, portanto, a ideia de que não é possível falar de "conhecimento", mas de conhecimentos de várias ordens, aproximando-nos de marcos conceituais que salientam o fato de que conhecimentos são sempre datados, contextualizados e, principalmente, construídos pelos homens conforme cada época e condições de produção.

Do nosso ponto de vista, uma das especificidades da sistematização de experiências é a consideração ao fato de que o conhecimento gerado na ação prática, embora não tenha a intenção de constituir-se em ciência, traduz-se em um saber prático, local, muitas vezes temático, interpenetrado por outras modalidades de conhecimento (até mesmo científico), capaz de, pela via do diálogo entre diferentes saberes, traduzir-se em referências capazes de servir a outros. Um conhecimento que ressignifica a prática, aproxima as comunidades locais e atores sociais da sua capacidade de produzir e sustentar suas próprias transformações, além de contribuir para a criação de matrizes políticas que, uma vez assumidas pelo poder público e sociedade civil, segundo seus diferentes papéis, impulsionam soluções de maior amplitude.

Se o conhecimento tem como horizonte outros lugares cognitivos, constitui-se ao redor de temas

> ... que em dado momento são adoptados por grupos sociais concretos como projectos de vida locais, sejam eles reconstituir a história de um lugar, manter um espaço verde, construir um computador adequado às necessidades locais, fazer baixar a taxa de mortalidade infantil, inventar um novo instrumento musical, erradicar uma doença etc. etc. (Santos, 2003, p. 76).

Nossa pesquisa[2] sobre a percepção de algumas ONGs no Brasil a propósito desse tema reafirma: as aprendizagens derivadas da prática social – sejam as próprias ou as de outros atores – têm sido consideradas como fonte de conhecimento e com um papel a cumprir, especialmente no que se refere à construção e ao fortalecimento do lugar e das identidades de ONGs, à divulgação do exemplo para processos de transformação social, à formação permanente dos sujeitos que delas participam, à socialização e comunicação de conhecimentos e de metodologias e à produção de subsídios para o debate coletivo e construção de sentidos em rede.

As referências conceituais

A trajetória da avaliação, tomada em seu conceito-chave (determinação do mérito, validade ou valor), relaciona-se evidentemente com os modos de produção de conhecimento e seus fundamentos em cada contexto. A sistematização de experiências, por sua vez, surge na América Latina, na década de 1980, especialmente no campo da educação popular, entre os grupos populares e outros atores[3] que buscavam justamente *questionar as formas tradicionais de avaliação* e investigação existentes, muitas vezes originadas no mundo dos financiadores e fundadas em paradigmas teóricos positivistas. Tratava-se de um momento no qual, como assinalam todos, a solidariedade e a luta confluíam e se integravam em diferentes tipos de práticas sociais, convivendo com a repressão nos países sob regimes ditatoriais.

---

2. O presente texto está baseado em M. Cristina Meirelles. *Conhecimento e prática social: a contribuição da sistematização de experiências*. PUC-SP, 2007. Biblioteca virtual.

3. Entre eles, a Rede de Centros de Educação Popular da América Central (Alforja), representada por Oscar Jara na Colômbia; o Centro Latino-Americano de Trabalho Social (Celats) no Peru; o Consejo de Educación de Adultos da América Latina (CEAAL), que desenvolve o Programa de Apoyo a la Sistematización; e a Escuela para el Desarollo, no Peru. No fim dos anos 1980, é fundado o Taller Permanente de Sistematización (Peru), que agrupa várias dessas instituições, além de pessoas comprometidas com o tema.

Entre as concepções dos diferentes grupos, a ideia central comum é que a sistematização de experiências não se realiza *senão com a participação ativa dos sujeitos autores da prática*, engajados em processos de reflexão sobre ela e sobre sua ação no mundo. De fato, embora existam tendências diversas sobre os modos de construção do conhecimento com base na prática, todas as proposições encontram-se no mesmo campo conceitual. Trata-se de não cindir em unidades dicotômicas os sujeitos (ator e autor de práticas sociais) e os objetos de conhecimento (a experiência social e seus resultados), considerando as relações entre teoria e prática, a realidade como uma totalidade em permanente movimento, bem como a historicidade e contextualização do conhecimento produzido.

Inserida, portanto, em um contexto de mudanças de paradigmas, a sistematização de experiências encontra sua especificidade no seu objeto e no campo conceitual no qual atua, contrapondo-se ao ativismo e à ruptura entre o sentido e a ação prática, ou seja, não é possível falar de sistematização de experiências *senão a partir de uma determinada concepção de método e no interior da prática social*[4]. Mantém, entretanto, interfaces com os procedimentos e instrumentos metodológicos ligados à pesquisa e investigação, sempre que no mesmo marco conceitual.

Refletir a avaliação de projetos sociais sobre essa mesma lógica é uma tarefa complexa, já que vários são os enfoques e as referências conceituais que atualmente dão base à sua prática.

Algumas de suas vertentes (formativa, qualitativa, participativa, por exemplo) ancoram-se nos mesmos marcos conceituais, e, embora nesse caso possam operar em terreno comum, avaliação e sistematização possuem contornos próprios e se constituem em expressões particulares.

Os objetivos

O emprego de uma ou outra (ou ambas) depende do projeto de conhecimento que temos. O foco, objetivos e resultados do projeto é que dirão qual

4. Os vários autores, organizações, textos teóricos e documentos que tratam da sistematização de experiências, suas especificidades e origens podem ser encontrados na lista eletrônica de discussão sobre sistematização de experiências do Programa Latino-Americano de Apoio à Sistematização do CEAAL. Essa lista pretende intercomunicar o tema da sistematização, organizar redes eletrônicas sobre temas específicos e criar uma base de informação sobre o tema. Disponível em <www.alforja.or.cr/sistem>.

das duas escolher. Se a avaliação procura a atribuição de valor e mensuração de resultados, a sistematização de experiências está interessada no processo com o objetivo de aprender a partir da própria prática, ou seja, com foco na aprendizagem. Nas palavras de Oscar Jara (2001), não se fixa nos resultados, como na avaliação, e também não se constitui em um mecanismo isento de aporte crítico. Por conseguinte, os resultados esperados e produtos são também diversos (Barnechea, 1998): se pretendemos o aprimoramento e socialização das aprendizagens, não resultará em um informe de resultados. Nessa direção, as perguntas que orientam os procedimentos da avaliação e da sistematização são também diversas: quais os resultados/o que aprendemos. Vale notar, sistematizar aprendizagens significa olhar para a prática menos com o objetivo de verificar se ela confirma ou não nossas hipóteses (alcançamos os resultados pretendidos, o processo desenhado foi útil etc.), e mais para perceber *o que ela revela*.

Entre os propósitos centrais da sistematização estão: aprimorar a prática, reafirmar a autoria dos profissionais da ação, impulsionar processos formativos e de comprometimento, construir conhecimento para a ação, consolidar teórica e metodologicamente a área social, facilitar a transição entre o conhecimento privado e individual e o conhecimento organizado e socializável, criar condições para potencializar os efeitos da prática social.

Vale dizer, a soma de esforços para a consolidação de uma cultura de reflexão sobre a prática é, ou poderia ser, um esforço conjunto entre aqueles que se dedicam tanto à sistematização de experiências quanto à pesquisa e avaliação de programas e projetos sociais. Segundo Oscar Jara (2006, p. 39) a propósito das diferenças e semelhanças entre pesquisa, avaliação e sistematização, as três:

> se alimentam mutuamente e as três são indispensáveis. Não podemos prescindir de alguma, se queremos avançar diante dos desafios teóricos e práticos que nos estabelecem os trabalhos de educação, animação e organização popular.

2. Os procedimentos metodológicos da sistematização de experiências

Considerando o processo de reflexão sobre a prática como uma tarefa sempre permanente e seus resultados sempre inacabados, como é a natureza do conhecimento, traçar o caminho é uma tarefa provisória, pois depende de cada grupo, comunidade ou organização, cujos desejos e expectativas nem sempre são coincidentes em todos os pontos. Nesse sentido, os procedimentos e métodos da sistematização não podem ser compreendidos apenas como um conjunto de passos cronológicos, com começo, meio e fim. Trata-se mais de desenvolver uma cultura de reflexão sobre a prática que possibilite a construção coletiva do conhecimento e a elaboração de produtos e instrumentos que comuniquem e socializem os patamares alcançados. Em suma, é preciso concretizar a ideia de que na prática social não basta fazer, e saber fazer; é preciso ainda saber explicar o que foi feito.

Segundo os grupos que se dedicam a refletir sobre o como da sistematização de experiências, há ainda, por meio de um processo de intercâmbio e criação coletiva, uma busca de construção de uma metodologia de trabalho que seja útil e acessível aos profissionais na prática[5]. De fato, trata-se de buscar respostas às perguntas: o que sistematizar? Quando fazer uma sistematização? Quem participa e com quais papéis? E, acima de tudo: como o conhecimento se constrói na prática? Vale lembrar, a leitura de produtos e relatos sobre a experiência de sistematizar disponíveis na biblioteca virtual de sistematização é um modo sempre importante de refletir cada caso e construir a própria prática com base nas experiências já realizadas.

As perguntas iniciais: quando, o que e quem

O processo de reflexão sobre a prática social é permanente e contínuo, o que significa dizer que, idealmente, a sistematização poderia estar incluída no cotidiano e ser desenvolvida ao longo das experiências. Procedimentos e instrumentos de registro, tematização da prática, momentos de reflexões coletivas, produção e gestão das aprendizagens são mecanismos que terminam por constituir (quando presentes) apenas um momento no ciclo de vida dos projetos (como ocorre também com a avaliação). Entre as dificuldades apontadas pelos atores sociais está a falta de recursos humanos,

---

5. As principais propostas analisadas são originárias das seguintes organizações: Celats, em 1985; Taller Permanente CEAAL, em 1988; Escuela para el Desarollo, em 1991; e Alforja, em 1994. Acrescentam-se reflexões posteriores dos mesmos autores, além de trabalhos de Ada Ocampo e Julio Berdegué (2001); as experiências de Pierre de Zutter (1994), bem como o relato das experiências da Universidade Regional do Noroeste do Estado do Rio Grande do Sul (Unijuí).

técnicos e/ou financeiros, aliada à ainda incipiente cultura da reflexão e gestão do conhecimento no campo social, marcado historicamente pela urgência do *fazer*, frente a uma complexidade de questões, de fato, urgentes. Ao assumirmos que a sistematização de aprendizagens é um modo de construir referências para o campo social e constitui-se também em um instrumento político de intervenção social, terminamos por nos engajar na mobilização de recursos e viabilizar sua realização, *durante ou após* o encerramento de um projeto.

A definição dos objetos que ordenam a sistematização (o que sistematizar), mesmo considerando que toda prática social gera aprendizagens, é uma questão também presente. É a construção dos objetivos da sistematização que pode orientar os critérios em cada organização. Se, por exemplo, uma ONG realiza ou apoia vários projetos na área da educação e tem como objetivo aprimorar sua prática, poderá desenvolver critérios para priorizar aqueles que apresentam mais desafios e tensões a ser refletidos pelo coletivo. Por outro lado, se o objetivo é sistematizar a experiência acumulada na *área da educação*, trata-se menos de sistematizar um projeto específico e mais as aprendizagens que são transversais ao conjunto.

Em relação aos participantes de um processo de sistematização, há um grande destaque nos textos e documentos relativos ao tema sobre o fato de que ele é, por princípio, *atividade coletiva*. A participação de todos os envolvidos é prevista desde o momento inicial, que trata de negociação dos sentidos, objetivos, processos e resultados da sistematização. Segundo Maria Mercedes Barnechea (1998), o exercício individual empobrece as possibilidades de produção de conhecimento, já que se limita ao olhar de um indivíduo sobre um processo que é complexo e multidimensional. Oscar Jara (2001) salienta que uma etapa fundamental é a definição *da forma* como os diferentes atores da experiência se envolvem no processo de sistematização, não como "meros informantes", mas como sujeitos da interpretação e da crítica.

Assim, trata-se fundamentalmente de um processo desencadeado com base em perspectivas múltiplas. Por exemplo, em uma sistematização de um projeto de desenvolvimento comunitário que tem por objetivo aumentar a renda das famílias, quem participa são os sujeitos da prática – neste caso, as famílias nas comunidades, os técnicos agrícolas, as lideranças comunitárias, os parceiros locais, a equipe responsável pelo projeto, os financiadores e todos os demais envolvidos.

O caráter participativo não exclui a pertinência de um apoio externo, como facilitador do processo de sistematização, capaz de contribuir para a definição dos conteúdos a ser buscados na experiência, ajudar na superação das dificuldades iniciais, tais como manter o foco, ampliar a perspectiva e orientar o projeto como um todo.

Os momentos essenciais

Uma vez consideradas as questões acima, é possível identificar nos textos dos diversos autores já citados etapas e procedimentos (ou componentes do processo) comuns ou complementares, tais como: a construção coletiva do projeto de sistematização; a reconstrução da experiência; o ordenamento da informação; a análise, crítica e interpretação; a comunicação. Na nossa prática, esses momentos se interpenetram e são sempre considerados (embora as ênfases sejam reeditadas conforme cada grupo ou experiência), sintetizados como segue.

A mobilização dos sujeitos da prática

A construção coletiva dos consensos e acordos sobre o processo, embora pertinente, não se realiza naturalmente, se não forem previstas etapas anteriores de formação com os profissionais e público-alvo das ações, acerca das concepções e práticas da sistematização. Essa etapa é considerada fundamental, já que os sujeitos da prática, para se engajarem em processos de reflexão, precisam apropriar-se do projeto e a ele atribuir sentido.

A realização de oficinas e criação de espaços de debate com os envolvidos, antes ou durante a construção do projeto de sistematização, tem se mostrado eficaz, sempre que o propósito é contribuir para a reflexão permanente da prática e a partir dos próprios atores. Trata-se de apoiar a construção de condições (conceituais e metodológicas) nas organizações e entre a população envolvida, a fim de garantir não só a participação de todos, mas também propiciar a permanência da proposta no cotidiano das organizações e comunidades. De modo que, de volta ao marco conceitual que nos dá suporte, buscamos propor situações concretas em torno das quais os participantes exercitam e refletem o seu papel de pesquisadores e construtores de conhecimento sobre a prática: o caminho percorrido, as soluções encontradas, as aprendizagens. Como nos ajuda Monique Deheinzelin (2006):

Interagindo com a realidade, assumindo, ao mesmo tempo, nossa subjetividade, e a objetividade da natureza e da vida em sociedade, somos capazes de gerar transformações. Como transformações, os processos de aprendizagem produzem conhecimento. Deste modo, a sistematização não apenas não se dissocia de processos de criação, como gera possíveis dinâmicas entre indivíduos, instituições e a vida em sociedade.

A construção do projeto

Trata-se do debate, negociação e acordos coletivos sobre os sentidos, objeto, objetivos, procedimentos, produtos da sistematização e destinatários das aprendizagens daquela experiência em particular, a partir do que se delineiam os temas, focos, questões orientadoras, e envolvidos.

É notável como a construção do projeto segundo as diferentes perspectivas, facilitada pela mobilização prévia em direção ao engajamento dos sujeitos em processos de pesquisa sobre a própria prática, alcança patamares sempre mais amplos. Assim é que, por exemplo, os objetivos iniciais de um projeto de sistematização da experiência de desenvolvimento comunitário (refletir a prática para comunicá-la; apoiar o processo de mobilização de recursos) ampliaram-se para: aprimorar a prática, reafirmar a autoria dos profissionais e população envolvidos, subsidiar o planejamento das novas ações, fortalecer a identidade das organizações envolvidas, construir o diálogo com outras dimensões do conhecimento, apoiar a efetivação das ações por outros atores.

O levantamento dos conteúdos de aprendizagem

Embora o levantamento de focos e questões orientadoras seja parte integrante da construção do projeto de sistematização, tratamos os conteúdos de aprendizagem como um momento específico, pela complexidade da tarefa proposta. Trata-se de destacar, perceber, priorizar, ordenar e fundamentar os conteúdos centrais das aprendizagens obtidas pelo conjunto dos sujeitos, o que nem sempre é fácil quando estamos diretamente envolvidos na ação.

Na facilitação da construção dos "mapas de conteúdos", as atividades propostas buscam, além do levantamento coletivo, o ordenamento participativo dos resultados em "nuvens de aprendizagens", compreendidas como núcleos de significação, tal como definidos por Wanda Junqueira Aguiar (2001): "Conteúdos, questões centrais, menos pela frequência e mais pelo envolvimento e escolha dos sujeitos, que, uma vez iluminados pelos objetivos do projeto, devem apontar os temas centrais da experiência e apreender a forma como sujeitos específicos o configuram".

A ANÁLISE DOCUMENTAL OU RESGATE DE MEMÓRIAS

A compilação e o ordenamento da informação e documentação disponíveis (informes, diagnósticos, registros das ações, avaliações, vídeos, fotografias, entrevistas gravadas etc.) são propostos a partir dos conteúdos de aprendizagem acordados, ou seja, significam rever e ordenar o que já foi produzido, tendo como eixos orientadores os conteúdos prévios de aprendizagem. Caso não existam, é o momento de construir instrumentos para o registro da prática pelos seus atores e o resgate das memórias.

A RECONSTRUÇÃO DA EXPERIÊNCIA E CONSTRUÇÃO DA NARRATIVA

Trata-se da reconstrução histórica do processo (acontecimentos, fatos, relações, contextos) e a construção da narrativa na voz dos sujeitos, com base nos conteúdos, focos ou perguntas orientadoras anteriormente definidas. Parte-se da diversidade de perspectivas dos diferentes atores para construir uma visão compartilhada da experiência na forma de lições aprendidas, para "processá-la intelectualmente" (Barnechea, Gonzalez e Morgan, 1998), observá-la segundo um "olhar ordenado da prática" (Morgan e Francke, 1995) ou ordenar os diferentes elementos objetivos e subjetivos que interferiram no processo, compreendê-los e interpretá-los e, dessa maneira, extrair aprendizagens que tenham utilidade no futuro (Jara, 2001).

Vale destacar que, em algumas situações, esse momento termina por resumir-se na construção de uma linha do tempo coletiva, onde são destacados os momentos essenciais da experiência a ser posteriormente aprofundados pela análise da documentação existente. Sendo assim, perdemos a oportunidade da reflexão coletiva sobre os sentidos, significados e, principalmente, o contexto da prática vivida. Não se trata, portanto, apenas de descrição e ordenamento, mas também e principalmente da contextualização da experiência e dos fatos. Como exemplo, é por essa via que produtores rurais refletiram sua experiência sobre a produção coletiva na região amazônica, sempre em relação com as políticas agrárias, os modos de escoamento, o desmatamento e a preservação ambiental.

O ordenamento e a pesquisa de passos e procedimentos

Esse momento diz respeito ao ordenamento e análise das informações levantadas, segundo a perspectiva dos sujeitos da sistematização, para identificar novos temas e aspectos centrais a ser abordados e aprofundá-los. Para alguns autores, a decomposição da experiência nos elementos que a constituem, analisando a lógica interna e as relações entre eles, é também o momento do diálogo com a teoria. O principal instrumento é a formulação de perguntas, seguida do reordenamento das informações necessárias para responder a elas. Trata-se de ordenar a prática em forma de processo. Resume Oscar Jara (2006, p. 89):

> Em síntese, o ordenamento e a classificação da informação devem permitir reconstruir, de forma precisa, os diferentes aspectos da experiência, vista já como um processo.

Frequentemente é também esse o momento da construção metodológica que pode se dar pela pesquisa de passos e procedimentos contidos na prática. A partir dos nossos objetivos e mapa de conteúdos, que deram subsídios à construção da narrativa pelos sujeitos sobre suas práticas, podemos nos engajar em abrir novas camadas e ordenar o "como" das coisas: como aumentamos nossa renda, como formamos pessoas, como fizemos para contribuir para a alfabetização de crianças, como articulamos redes, como, em síntese, fizemos o que fizemos. Cada um desses processos compõe uma metodologia, como registro e tomada de consciência do próprio percurso de aprendizagem a partir da prática.

A análise, crítica e interpretação

O momento de análise é compreendido o mais das vezes como síntese, interpretação crítica do processo, reflexão (por que aconteceu o que aconteceu), elaboração de conclusões (pontos de chegada) ou como respostas às perguntas anteriores. É o momento da pergunta: o que faria diferente?

Para alguns autores da sistematização, implica decompor a experiência (totalidade) nos elementos (partes) que a constituem, identificar as relações entre eles, compreender seus fundamentos e consequências (Morgan, 1995). É o momento de enfatizar as relações com a teoria, levantar o conhecimento prévio, distinguir os novos conhecimentos produzidos durante a prática e relacioná-los com o conhecimento acumulado sobre o tema, dialogando teoria e prática. Assim, especialmente para o Taller Permanente de Sistematización (TPS), a sistematização deve: (1) organizar os conhecimentos produzidos na prática; (2) confrontar com os conhecimentos anteriores; (3) confrontar com o conhecimento acumulado – teoria; (4) produzir lições e aprendizagens que orientem novas práticas (Barnechea, Gonzalez e Morgan, 1998, p. 5).

Sobre a relação com a teoria, Oscar Jara (2001) propõe a expressão "contexto teórico" para denominar os conceitos e conhecimentos com os quais os sujeitos fundamentam sua prática. A expressão pretende diferenciar-se do tradicional "marco teórico" e explicitar que, antes de iniciar a sistematização, já existem análises e interpretações. Para o mesmo autor, o principal "dilema" da sistematização é justamente a interpretação crítica, ou seja, superar o descritivo e narrativo com os quais frequentemente a sistematização é confundida.

Em nosso exemplo, a comunidade compreender-se como comunidade e dar sentido a isso, a importância da memória e identidade local, o alinhamento de expectativas entre os diferentes parceiros, a existência de espaços para reflexão sobre os aspectos subjetivos relativos à prática da produção coletiva, a política de vizinhança, o papel da liderança são alguns dos aspectos que na prática do projeto de desenvolvimento comunitário revelaram-se como tão ou mais essenciais que o aprendizado de novas técnicas agrícolas. São eles que, segundo seus sujeitos, deveriam compor os caminhos para projetos dessa natureza. O conjunto das reflexões tem como resultado principal o desenvolvimento dos atores sociais, suas aprendizagens e capacidade de tomar decisões.

A comunicação

A definição de estratégias de comunicação que ajudem a socializar a experiência é parte integrante do processo de sistematização. Buscam comunicar aprendizagens e partem da definição prévia do público interessado nos seus resultados. Em geral, a partir de um documento mestre é possível produzir diferentes materiais de comunicação para cada público (textos, peças de teatro, vídeos, seminários etc.).

A título de observação, embora a comunicação e, portanto, a construção do produto da sistematização seja parte integrante e fundamental de todo o processo, há uma tendência de superestimar essa etapa, já que é para ela que confluem as expectativas, os tempos, os prazos e os recursos. Assim, também fundamental é a compreensão de que, para além do produto de comunicação, a socialização dos resultados significa potencializar os efeitos daquela ação, tanto internamente quanto para um público mais amplo, sempre em direção à transformação social desejada. Nesse sentido, mais do que comunicação e produto, trata-se da articulação com os destinatários desse conhecimento e da inclusão do elemento humano que segue junto com o produto, nunca suficiente em si mesmo e não resumido a "manuais" e "prescrições" a ser seguidos em passos sequenciais.

3. Por fim, o cenário

Em síntese, a sistematização de experiências busca trilhar o caminho levando em consideração que processos sociais não são compostos apenas por ações quantificáveis e qualificáveis a ser repetidas ou reproduzidas em qualquer contexto, mas sim refletem o compromisso dos sujeitos com a transformação e referem-se a práticas que têm objetivos transformadores, que não se realizam sem a dimensão subjetiva do conhecer.

É fato que a ideia e a prática da sistematização de experiências no Brasil, bem como da avaliação, vêm ganhando novo fôlego. No caso da sistematização, algumas preocupações em pauta mostram que há uma tendência de compreendê-la como um processo de construção de tecnologias a ser traduzidas em manuais que podem apoiar a disseminação e multiplicação das experiências. Sendo assim, constituem-se em um instrumento de rentabilização do investimento social, mais próximo de um modelo de racionalidade que pretende a construção de procedimentos padronizados e que comportam um fim prático imediato. Se não estritamente relacionadas, acompanham preocupações com a avaliação de projetos sociais nessa mesma direção, a expectativa da velocidade dos resultados mostrando a necessidade de maior aprofundamento sobre o que é de fato um impacto social, as dificuldades de mensurar processos inter-relacionados, entre outros.

É talvez um momento propício para refazermos as perguntas essenciais aqui enunciadas: qual o papel do conhecimento na transformação social e, principalmente, a qual projeto de sociedade corresponde essa transformação social que buscamos? São essas ênfases que conferem ao conhecimento da prática sua capacidade tradutora, "que torne as diferentes lutas mutuamente inteligíveis e permita aos actores coletivos 'conversarem' sobre as opressões a que resistem e as aspirações que os anime" (Santos, 2001, p. 27).

Possivelmente, ao assumirmos o fato de que o objeto (a experiência social) e o sujeito (atores da ação) nunca são completamente distintos na prática social e que a teoria (conhecimento acumulado) está embutida em ambos, poderemos construir novos sentidos para a prática da reflexão, independentemente do caminho tomado em cada momento: a avaliação e sistematização, entre outros.

É importante lembrar que o engajamento na realização de processos de sistematização e/ou avaliação das experiências sociais, embora represente um avanço importante, não é suficiente para transformar as redes, organizações ou grupos sociais em espaços de aprendizagem e produção de conhecimento a partir da prática. É frequente a produção de relatórios e publicações que terminam por não serem utilizados pelos sujeitos e público da prática. É preciso, antes de tudo, refletir sobre os projetos de conhecimento que cada iniciativa acopla à sua prática e os sentidos e finalidades atribuídos a esses processos pelos autores das experiências e público envolvido.

Referências bibliográficas

AGUIAR, W. J. "Consciência e atividade: categorias fundamentais da psicologia sócio-histórica", in: BOCK, A. M.; GONÇALVES, M. G.; e FURTADO, O. (orgs.). *Psicologia sócio-histórica: uma perspectiva crítica em psicologia*. São Paulo: Cortez, 2002.

BARNECHEA, M. M.; GONZALEZ, E.; e MORGAN, M. L. *La producción de conocimientos en sistematización*. Lima: Taller Permanente de Sistematización, 1998.

BORDIEU, P. *Razões práticas: sobre a teoria da* ação. Campinas: Papirus, 2005.

DEHEINZELIN, M. *Construtivismo: a poética das transformações*. São Paulo: Ática, 1996.

JARA, O. *Para sistematizar experiencias*. São José da Costa Rica: Alforja, 1998.

—. *Dilemas y desafíos de la sistematización de experiencias*. Cochabamba: Centro de Estudios y Publicaciones Alforja, 2001. Palestra realizada durante o seminário da Agricultura Sostenible Campesina de Montana (Asocam), organizado pela Intercooperation, 2001, Cochabamba, Bolívia.

—. *Para sistematizar experiências*. Brasília: Ministério do Meio Ambiente, 2006.

OCAMPO, A.; e BERDEGUÉ, J. A. "Guía metodológica y guías de terreno para la sistematización de experiencias locales de desarrollo agrícola y rural". CD-ROM *Aprendiendo para dar el siguiente paso*. Preval, Fidamérica, Fida, Chile, 2001.

MEIRELLES, M. C. *Conhecimento e prática social: a contribuição da sistematização de experiências*. PUC-SP, 2007. Biblioteca virtual.

MORGAN, M. L.; e FRANCKE, M. "La sistematización: apuesta por la generación de conocimientos a partir de las experiencias de promoción", in: *Escuela para el Desarrollo*. Materiais didácticos, nº 1, Lima, 1995.

SANTOS, B. S. *Crítica da razão indolente – Contra o desperdício da experiência*. São Paulo: Cortez, v. 1, 2001.

—. *Um discurso sobre as ciências*. São Paulo: Cortez, 2003.

VYGOTSKY, L. S. *Pensamento e linguagem*. 4ª ed. São Paulo: Martins, 2008.

ZUTTER, P. *Des histoires, des savoirs et des hommes: l'expérience est un capital – Réflexion sur la capitalisation de l'experience*. Paris: FPH, 1994.

Editora
Renata Farhat Borges

Editora assistente
Lilian Scutti

Coordenação da coleção
Flora Lovato

Apoio na concepção deste projeto
Daniel Brandão

Produção gráfica
Carla Arbex

Produção editorial, editoração e capa
Agwm Produções Editoriais

Revisão
Mineo Takatama

Dados internacionais de Catalogação na Publicacão (cip)
(Câmara Brasileira do Livro, sp, Brasil)

Contexto e prática da avaliação de iniciativas sociais no Brasil:
temas atuais / Martina Rillo Otero (org.).
São Paulo : Peirópolis, 2012.

Vários autores.
ISBN 978-85-7596-244-2

1. Avaliação de programas de ação social.

12-00499 CDD-361.25

Índices para catálogo sistemático:
1. Avaliação de projetos, programas e iniciativas no campo social 361.25

Editado conforme o Acordo Ortográfico da Língua Portuguesa de 1990.

1ª edição, 2012

EDITORA PEIRÓPOLIS LTDA.
Rua Girassol, 128 – Vila Madalena
05433-000 – São Paulo – SP – Brasil
Tel.: (11) 3816-0699 e fax: (11) 3816-6718
vendas@editorapeiropolis.com.br
www.editorapeiropolis.com.br

www.editorapeiropolis.com.br

MISSÃO

Contribuir para a construção de um mundo
mais solidário, justo e harmônico, publicando literatura
que ofereça novas perspectivas para a compreensão
do ser humano e do seu papel no planeta.